ドイツ式GK《ゴールキーパー》技術革新

GK大国に学ぶ「技術」と「戦術」

FC岐阜 GKコーチ
川原元樹
サッカーライター
清水英斗

KANZEN

目次

序章　なぜ、ドイツはGK大国なのか？　5
ドイツが〝大国〟たる所以／『アタック』の意識

第1章　ポジショニング・姿勢　13
判断の基準を整理する／イニシアチブを取ること／4つの構え方

第2章　GKアクション（キャッチング・セービング）　51
『プレジャンプ』の考え方／ステップの種類／「順手」と「逆手」

第3章　スペースディフェンス・クロス対応　75
クロス対応のポジショニング／クロスにも「アタック」の意識／認知と判断
ディフェンスライン背後のスペースディフェンス／スペースディフェンスのミスが多い理由

第4章 ディストリビューション（配球） 105
ディストリビューションの優先順位／ディストリビューションのスピード
FWの間をのぞくサポート／チームとして整理しなければならない

第5章 セットプレー・PK 129
セットプレーのゴールディフェンス／セットプレーのスペースディフェンス／PKを止める

第6章 GKメンタル・コーチング 149
メンタルとコミュニケーション／コーチングは伝言ゲームをすべてつなげること
効果的ではないコーチングとは？／メンタルを立て直す方法とは？

あとがき 162

序章　なぜ、ドイツはGK大国なのか?

ドイツが"大国"たる所以

マヌエル・ノイアー、テア・シュテーゲン、ベルント・レノ、ケヴィン・トラップ、ティモ・ホルン、オリヴァー・バウマンなど、ドイツは国内外のトップクラブで活躍するＧＫを輩出し続けています。

なぜ、この国は『ＧＫ大国』なのでしょうか。

ドイツではＧＫは人気ポジションです。小さい頃からＧＫをやりたがる子どもは多く、ＧＫキャンプをやると１００人以上集まることもあります。また、指導者の数も多く、そのネットワークは緊密です。専門的な知識を持つブンデスリーガのクラブの指導者が、各地域の指導者を対象にしたセミナー等を積極的に行い、ＧＫ指導者の育成に力を入れています。人気という土壌があり、なおかつ環境をきちんと整備していることは、ドイツがＧＫ大国である最大の理由でしょう。

また、ブンデスリーガは若いＧＫが多いことも特徴です。２０１３年に私がドイツから日本に帰ってくるとき、GKの平均年齢は約25歳でした。他の欧州トップリーグと比べても、ドイツは若いGKが多く、23歳以下のGKも6人くらいがシーズンを通してブンデスリーガでプレーしていました。育成年代を終えた後、すぐに高いレベルで試合を経験できるのは大きなメリットです。日本は若いGKがJ1で試合に出られるかというと、そういうGKは少ないですよね。2番手や3番手として経験を積んでから、というケースが多いです。

昔からGKはワインと一緒で、「年齢を重ねると良くなっていく」と考えられていました。しかし、身体的なピークを考えれば、24〜5歳辺りがいちばん良い状態になる選手が多いのは事実です。そのピークに向け、若いときから試合経験を積むことができれば、将来的にもっと優れたGKが出てくるはず。

そこで鍵を握るのが、育成年代の指導の質です。ドイツのGKは、育成年代の最終カテゴリーであるU-19まで来ると、GKに必要な技術レベルはブンデスリーガのプロ選手とほとんど変わりません。差があるとすれば、フィジカルレベルや状況判断能力の部分だけ。つまり、身体の強さであったり、思考の速さであったり。逆に言えば、それ以外の部分はU-19までに完成させなければいけません。それを育成年代でしっかりと指導できているのが、ドイツの強さの秘密です。

日本も10代のうちに、ＧＫが独り立ちできるスキルを身に着けることが大切です。

『アタック』の意識

ドイツではＧＫにどのような能力を身に着けさせるのか。特別なものを目指すわけではありません。ＧＫが大事にするものは、ドイツも日本も一緒です。失点をしないこと。ビルドアップへの参加など、求められる要素はチーム戦術によりさまざまですが、やはりＧＫがいちばん喜びを感じるのは、チームを救うセーブ、あるいは試合を無失点に抑えることです。それは世界中、小学生からプロまで変わりません。

違いがあるとすれば、技術的、戦術的な部分。その最たる例は『アタック』の意識です。ドイツのＧＫは本当にアグレッシブ。ＧＫコーチも、ボールへ向かうプレーについて、「できるだけ早く触りに行け！」「自分からアクションを起こせ！」と指導します。

たとえば、シュートをキャッチする場面を想像してください。ドイツのＧＫは少しでも前でボールを捕ろうとします。ボールが飛んで来るのを待つのではなく、ひじや身体を伸ばしてボールに向かって行く。身体のすぐ横に飛んできたシュートに対しても、そのまま横に腕を出すのではなく、可能な限り、斜め前に腕と身体を伸ばし、斜め前にアプローチして力強く捕る。これがボールにアタックする、ということです。ひじを曲げたまま捕ろうとすると、手先だけの力になりますが、腕や身体を伸ばし切って前で捕りに行けば、上半身や肩からパワーが手先につながります。強いシュートにも負けません。知り合いのオランダのGKコーチは、正面のシュートが来たら、「一歩前へ踏み出しながら身体全体を伸ばし切って捕れ！」と指導するほどです。

アタックの意識が低いGKは、たとえボールに触ることができても、シュートの勢いに負けてゴールへ吸い込まれる失点

や、こぼれ球を相手に詰められてしまう失点が多くなります。それはGKにパワーがないわけではなく、アタックして早く触る意識がないために、力強くアプローチできず、後ろに逸らしてしまうことが一因と考えられます。

1対1の状況でも同じ。できるだけ前で、早くボールに触りに行きます。たとえば1対1の場面で間合いを詰めたとき、日本では横向きに倒れて「面」で飛び込むところを、ドイツでは踏み込んだら、そのまま前向きに倒れてボールに一直線で「点」でフロントダイビングします。そうすれば、もっと早くボールに触ることができます。日本でも昔から、「斜め前に倒れろ」「シュートコースを狭めるために間合いを詰めろ」とは言われていましたが、それは角度や間合いの駆け引きに関わるディテールであり、「身体を伸ばし切ってできるだけ早く触れ」「自分からアクションを起こせ」という指導はなかったと思います。『アタック』はより力強く、積極的にアクションを起こすドイツのGK像を表しています。

クロスへの対応等も同じです。できるだけボールに早く触りに行く。ドイツや欧州のGKは、「ボールにアタックすること」を大事にしています。最初に世間に広く提唱したのは、おそらくユベントスでジャンルイジ・ブッフォンを指導した、クラウディオ・フィリッピでしょう。ドイツ時代に彼の講習会に参加する機会があったのですが、初めて見る、「ボールにアタックする技術」は衝撃的でした。『アタック』の意識は、ゴールを守る上では大きな差になります。

ドイツ、イタリア、スペイン、イングランドなど、GKのスタイルはさまざまで、いろいろな国の理想のGK像があると思いますよね？　ところが、近年は理想のベースが一緒になってきました。ゴールを守る最適なポジション、セービングなどは、考えれば考えるほど正解が狭まるものです。ビルドアップやディフェンスラインの背後のケアなど、チーム戦術に関わる部分は監督の要望によって変化しますが、そういう違いを除けば、結局、守るのはゴールの幅だけ。実際に欧州のトップレベルを見ても、いろいろなタイプのGKが存在するわけではありません。GKは同じようなスタイルに収束しており、そんな中で『ボールにアタックする意識』は、もはや個性ではなく、基本と言えます。それほど近年、欧州のGK理論は成熟し、正解が狭まってきた現状があります。

その流れを知るのは大事なこと。欧州で活躍するGKは、どのようなメカニズムでプレーしているのか？　なぜ、そのようにプレーするのか？

日本の今までの常識とは異なる考え方もありますが、世界のサッカーが同じ方向へ発展しているのは確かです。特に育成では世界のGKトレンドを踏まえつつ、年齢適正やその選手の個別性に応じて必要なスキルを落とし込むことが求められます。

ポジショニング、姿勢、キャッチングから、クロス対応やディストリビューションまで。現代ＧＫの進化を踏まえた理論を、この本で整理していきましょう。

第1章　ポジショニング・姿勢

ポジショニング・姿勢

まずはGKというポジションの概要を整理します。GKとは何か？　どのような役割があるのか？　GKにとって重要なことは何か？

試合中のGKのアクションは、次の3つに分けることができます。

●ゴールディフェンス

ゴールに向かって来るボールを防ぐアクション。シュートに対するセービング、もしくは1対1のブロックなど。

●スペースディフェンス

ペナルティーエリア付近のスペースをねらったボールを防ぐアクション。ディフェンスラインの背後のスペースを守る、あるいは前に出てクロスを捕るなど。

●オフェンスアクション

攻撃に関わるアクション。ビルドアップ時のサポートとパス、スローイング、パントキックなど。

この3つを、実際にGKはどのくらいの割合でプレーしているのでしょうか？

これは2012―13シーズンのチャンピオンズリーグについて、GKのプレーの内訳を示すデータです（**図1**）。ゴールディフェンスは失点を防ぐ決定的な仕事ですが、プレー機会としては8・2％しかありません。一方、スペースディフェンスは25・4％あります。決定機になる前にクロスやスルーパスを止め、ピンチを未然に防ぐ。その機会はゴールディフェンスの約3

図1　GKのプレー内訳

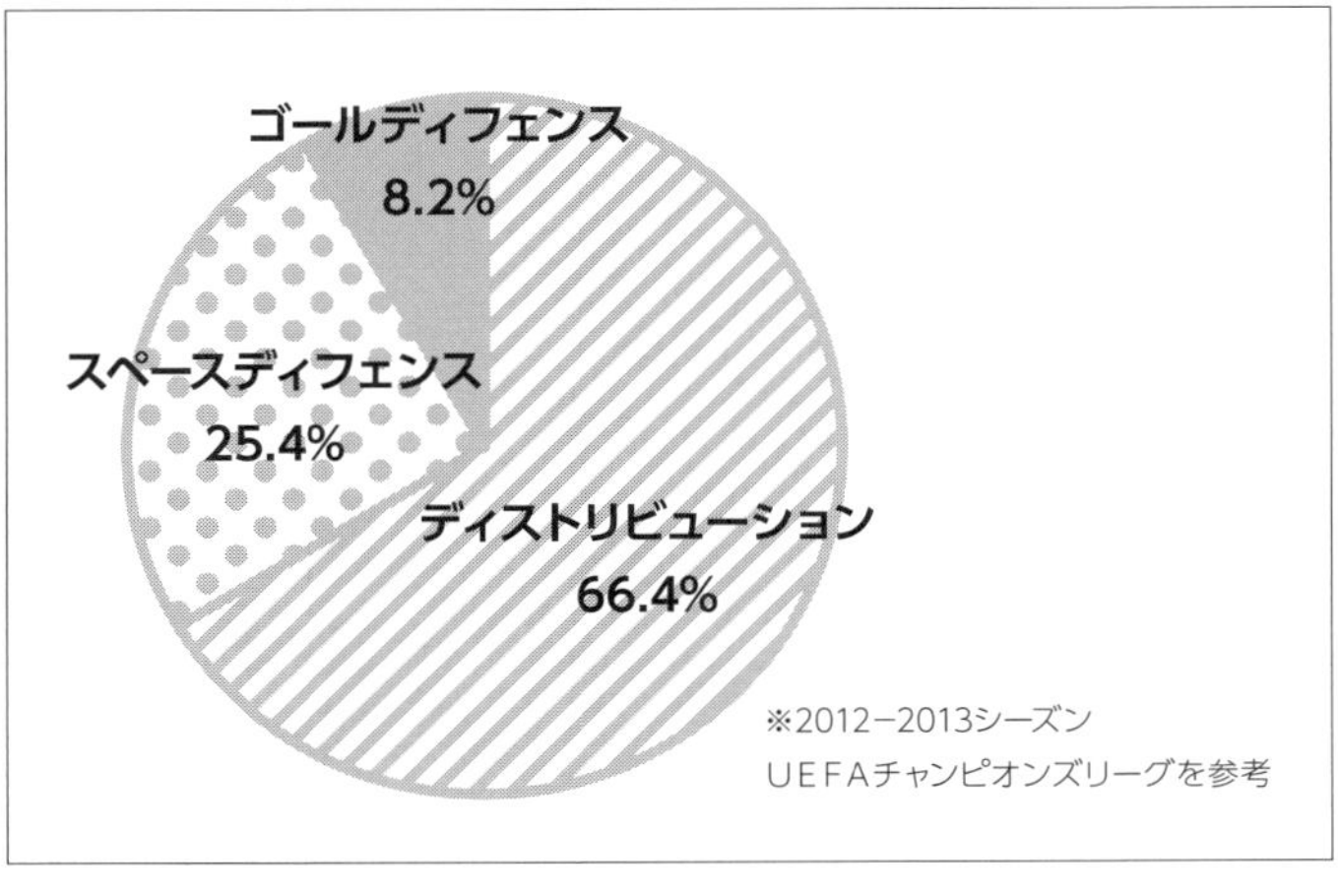

倍もあります。さらにオフェンスアクション（ディストリビューション）は66・4％もあり、プレー機会は最も多く訪れます。

昔のGK練習といえば、ゴールディフェンスの練習がほとんどでした。それ以外にはクロスを上げてキャッチなど、その程度だったと思います。しかし、より試合に近い状況で効率的な練習を目指すなら、ゴールディフェンスに加えて、GKのプレー機会が多いスペースディフェンスやオフェンスアクションの向上を意識しながら、練習を行う必要があります。

次は、失点場面とGKのプレーを関連付けます。これは2010年ワールドカップ

図2　失点時のアクション内訳

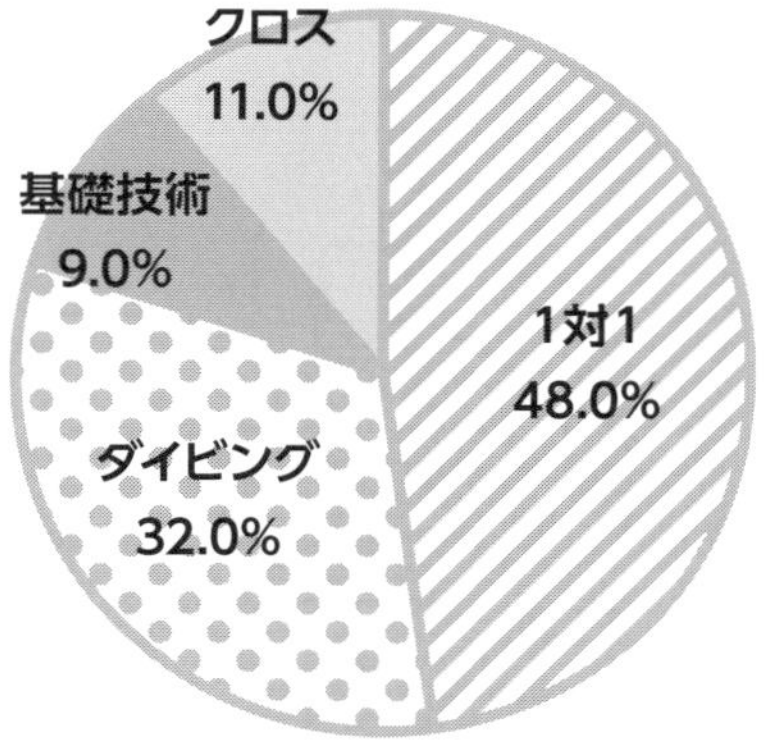

※2010年ワールドカップの失点場面を参考

の失点場面について、ＧＫのアクションを示した統計です（図２）。いちばん多いのは１対１から失点するパターンで48％。次はダイビングをする状況の失点で32％。「ダイビング」というのは、セービングの技術の中でも、体をしっかり伸ばして跳ぶ技術を必要とするときの失点です。ゴールの隅に蹴られたシュートに対するセービングのイメージですね。あとは基礎技術の失点が９％。たとえば正面付近のボールに対し、バランスを崩したり、ファンブルしたりして、うまく対処できずに失点してしまう。そういったケースですね。最後にクロスからの失点が11％です。欧州選手権もほぼ同じ内容でした。

次は失点時にＧＫがミスを犯した割合です（図３）。まず、１対１が49％。失点時にこうやって１対１で対処すれば守れたのに、というミスの数です。状況判断のミス、アクションを起こす前の準備におけるミスも全部含めたものですが、約半分と非常に多いです。１対１の失点場面は多く、さらにＧＫがミスを犯す割合も多い。これをうまく守れるように練習すれば、失点が減ると考えられます。

逆にダイビング。失点場面の割合では32％ありますが、ＧＫのミスとしては９％しかありません。つまり、準備をしっかりやって、技術的にも身体をしっかり伸ばして跳んでいるけど、それでも届かない場所にシュートを打たれたら、どうしようもない。そういう失点の傾向が出ています。

一方、スペースディフェンスのミスは、判断と技術を両方含めて23％あります。失点はゴールディフェンスで喫する場面がほとんどですが、決定的なピンチに至る前にスペースディフェンスが成功すれば、ゴールディフェンスを行う場面そのものが減ります。これも大事なポイントです。元シュトゥットガルトのGKコーチで、現在はライプツィヒでGK部門のコーディネーターをやっているエヴォ・トラウトナーは、私が研修でシュトゥットガルトを訪れた2012年には、「スペースディフェンス

図3　失点時にGKが犯したミス

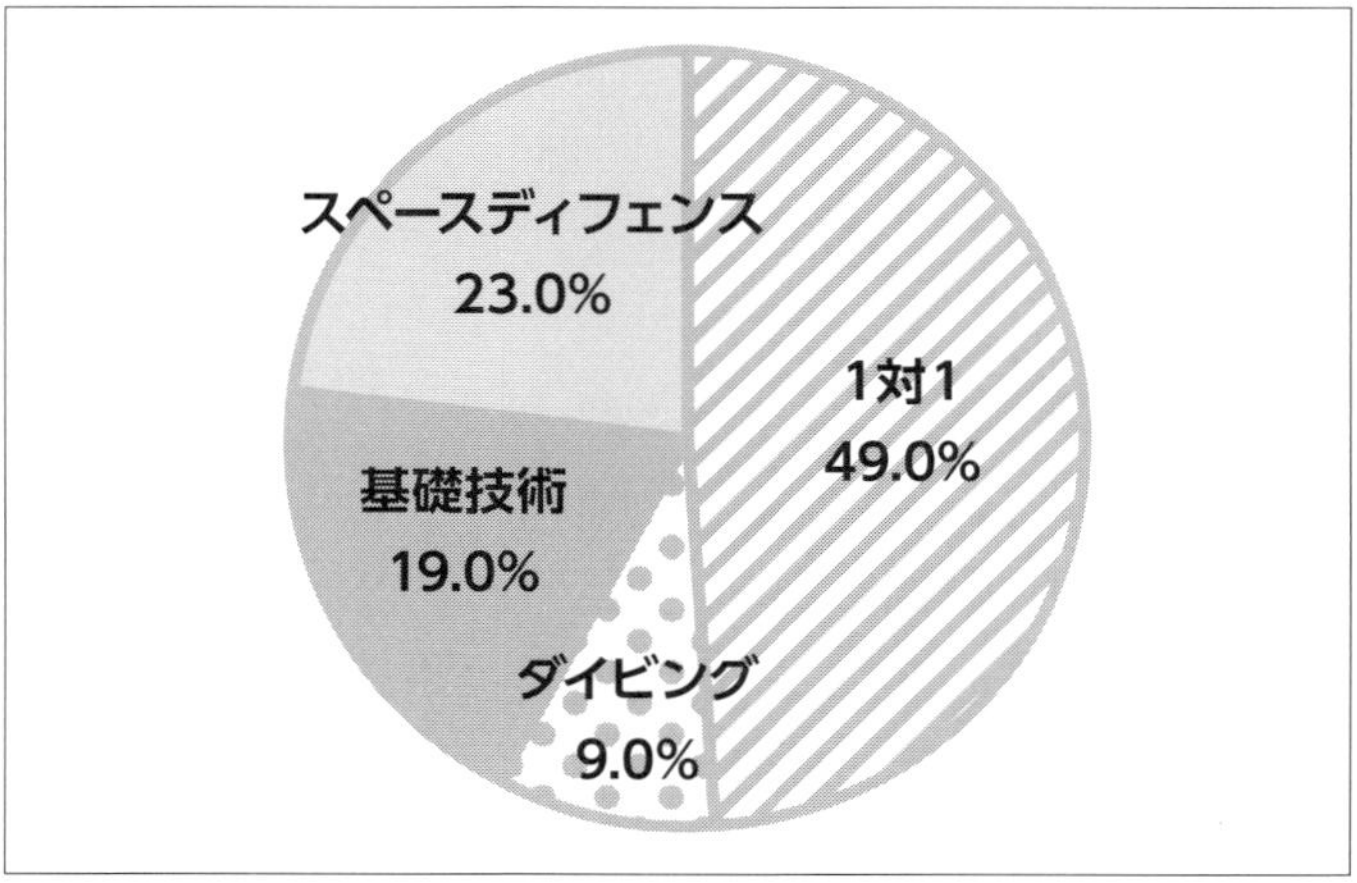

はGKにとっていちばん大事だ」とまで語っていました。こういったGKにとって、どういうアクションが一番大切なのかは、各クラブのGK部門の統括責任者とディスカッションをすると、各々の考えがあり、とても楽しかったです。まず、GKにとってどういうアクションが一番大切なのかを整理して、それを育成コンセプトに落とし込み、選手を評価、スカウティングする際に使用することが大切だと思います。

GKのプレーはどんな種類があり、どれくらいの頻度で起こるのか。何が重要で、どこに伸びしろが大きいのか。GKの全体像は見えてきたでしょうか。

判断の基準を整理する

次はGKのプレーを、タイムフレームで追ってみましょう（図4）。

最初は『準備』からスタート。相手の状況を見て、正しいポジションと距離を取る。次に『アプローチ』。アクションの一つ前の動きとして、基本姿勢から身体を少し沈ませたり、上げたり、あるいは一歩踏み出したりします。そして『アクション』。セービングだったり、1対1のブロックだったり、クロスに対してキャッチングやパンチングを行います。それが終わったら、『リカバー』。アクションを起こした後も、ボールが切れない限りはプレーが続くので、奪ったボールを攻撃につなげるために、あるいは相手チームに拾われたセカンドボールに対して、すばやく『準備』に戻る。GKはこの4つを繰り返します。

重要なのはスピードです。スピードの定義として、認知のスピード、予測のスピード、判断のスピード、動作のスピードと、

図4　試合中のタイムフレーム

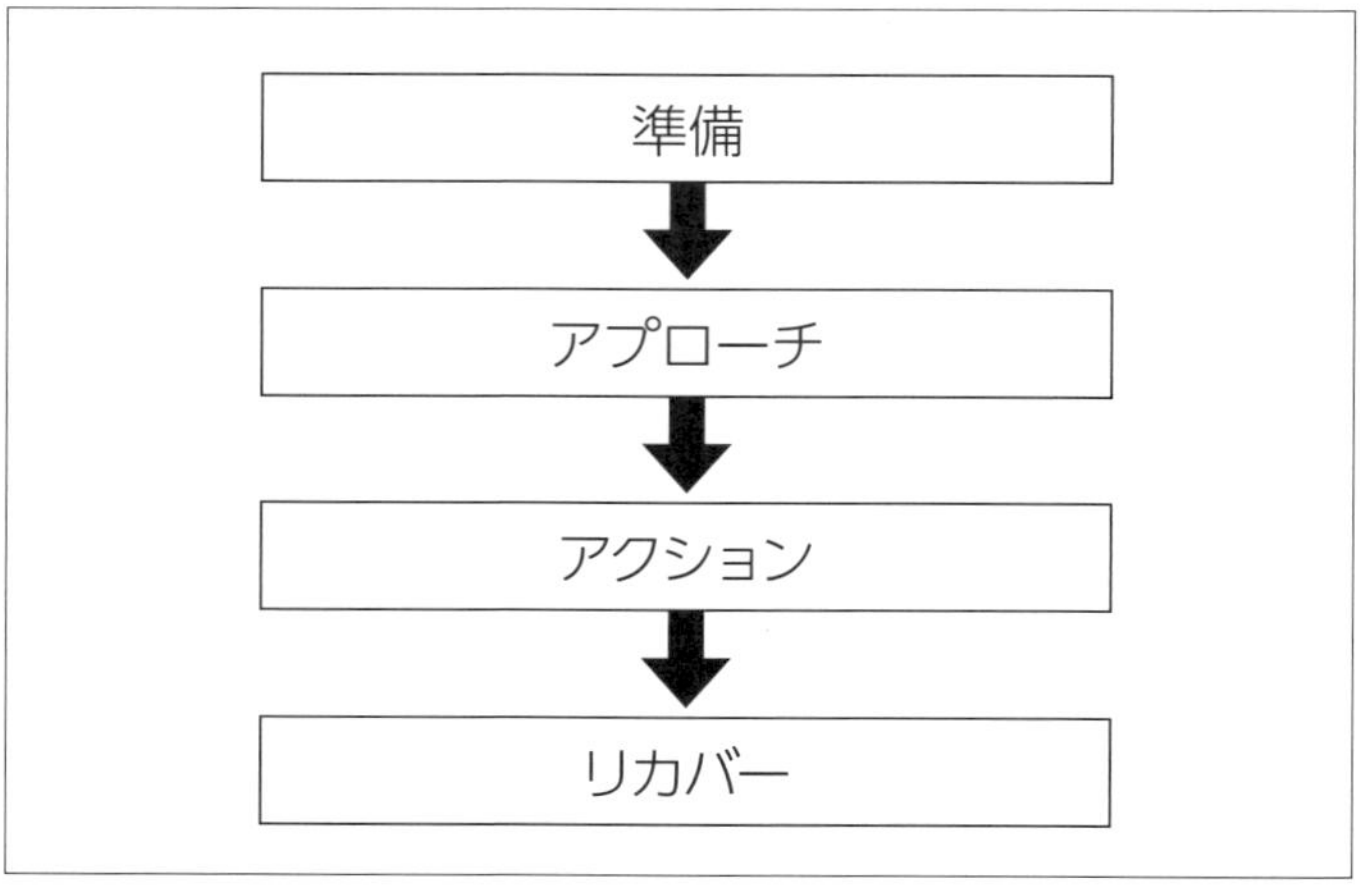

サッカーでは4つのスピードがありますが、これはGKにとってもすごく大切です。シュートを打たれてセービングするまでは1秒もないので、『準備』=状況を認知、予測、判断し、素早くポジションを取って、アプローチやアクションに移らなければいけません。

準備のスピードを上げるためには、判断の基準を整理することが大切です。『正しいポジションと距離』とは何か？　どうやって決まるのか？　まずはゴールディフェンスのポジショニングを整理しましょう。

ゴールを守るための最適なポジションは、4つの要素で決まります。ボールと左右のゴールポストを結んだ線で作られる三角形（図5）の間に立つ。これはよく言われることですが、それに加えてボールホルダーの状況を考慮しなければいけません。「ボールホルダーの状況」とは、味方のディフェンスも含まれます。たとえば（図6）の状況では、味方DFは基本的にファーを消してくれることが多いので、GKのポジションは中心線から少しニアに寄るイメージになります。

一方、シュートを打つ相手FWの状況も見ます。ルックダウンして、まったくGKを見ていなければ、間合いを詰めても良いかもしれません。逆に相手がルックアップし、コー

図5

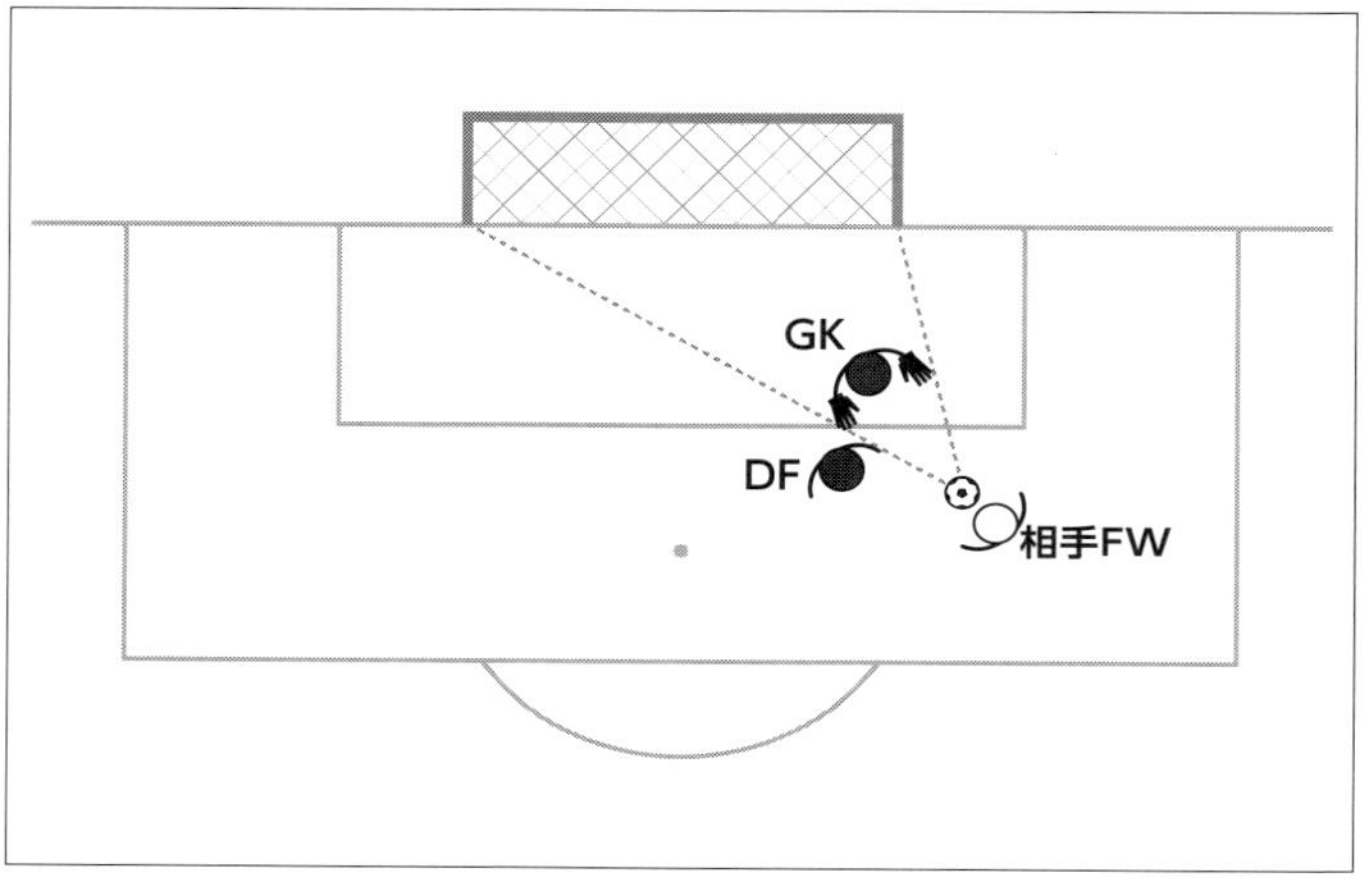

図6

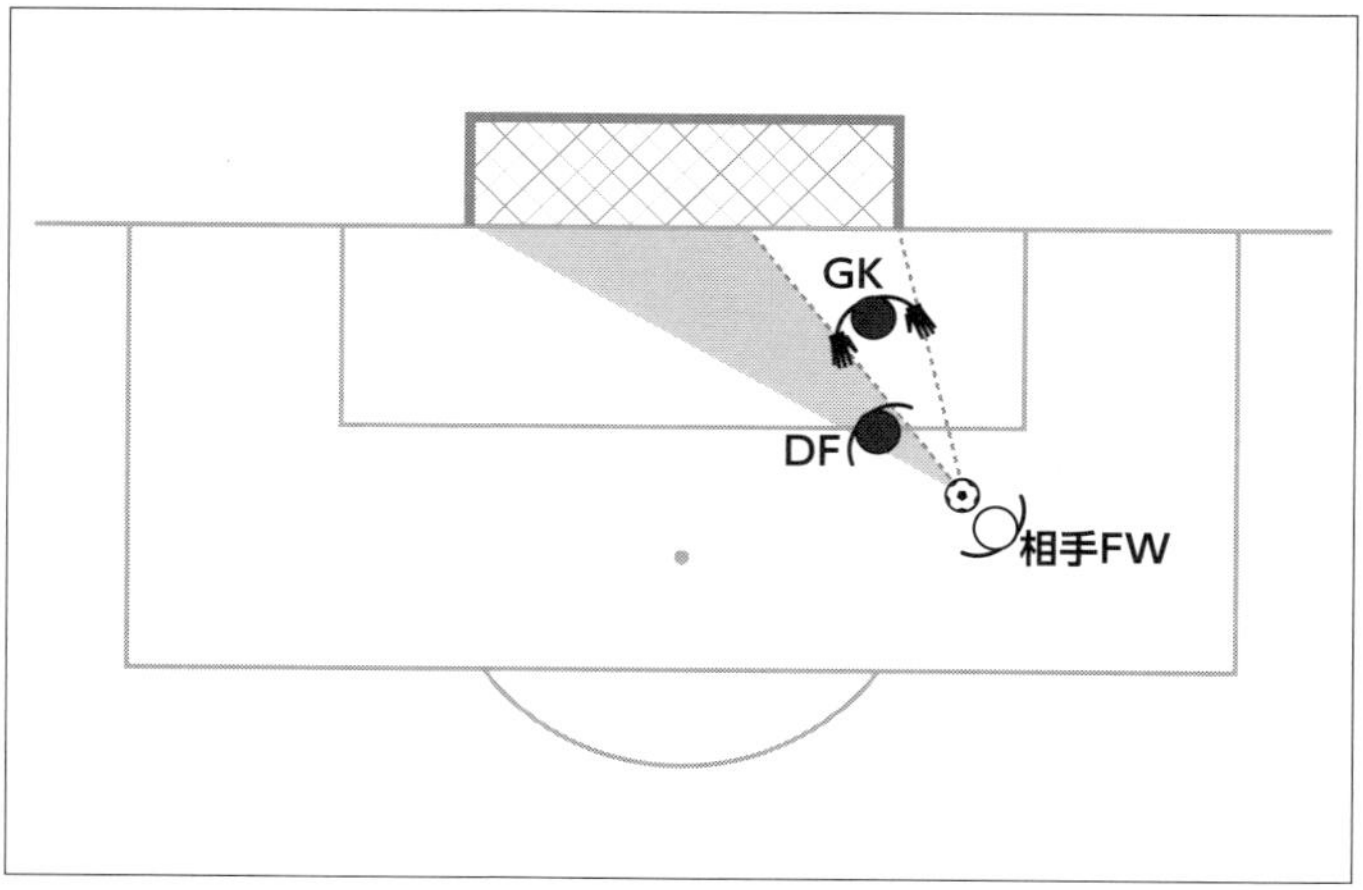

スをねらっていれば、相手がファーストタッチする瞬間に少しバックステップし、距離を稼ぐ必要があるかもしれません（図7）。

相手との距離を稼ぐと、守備範囲が広くなってしまうイメージはありますが、頭上を越される心配がなくなり、さらにボールへの反応時間が増えるメリットがあります。0・5秒でも時間を稼げば、ステップを踏んだり、身体を倒して反応する時間ができる。逆に間合いを詰めすぎると、身体の近くに速いシュートを打たれたとき、手足の反応が間に合わず、ボールが抜けてしまう可能性があります。

ただし、このような判断要素は絶対では

図7

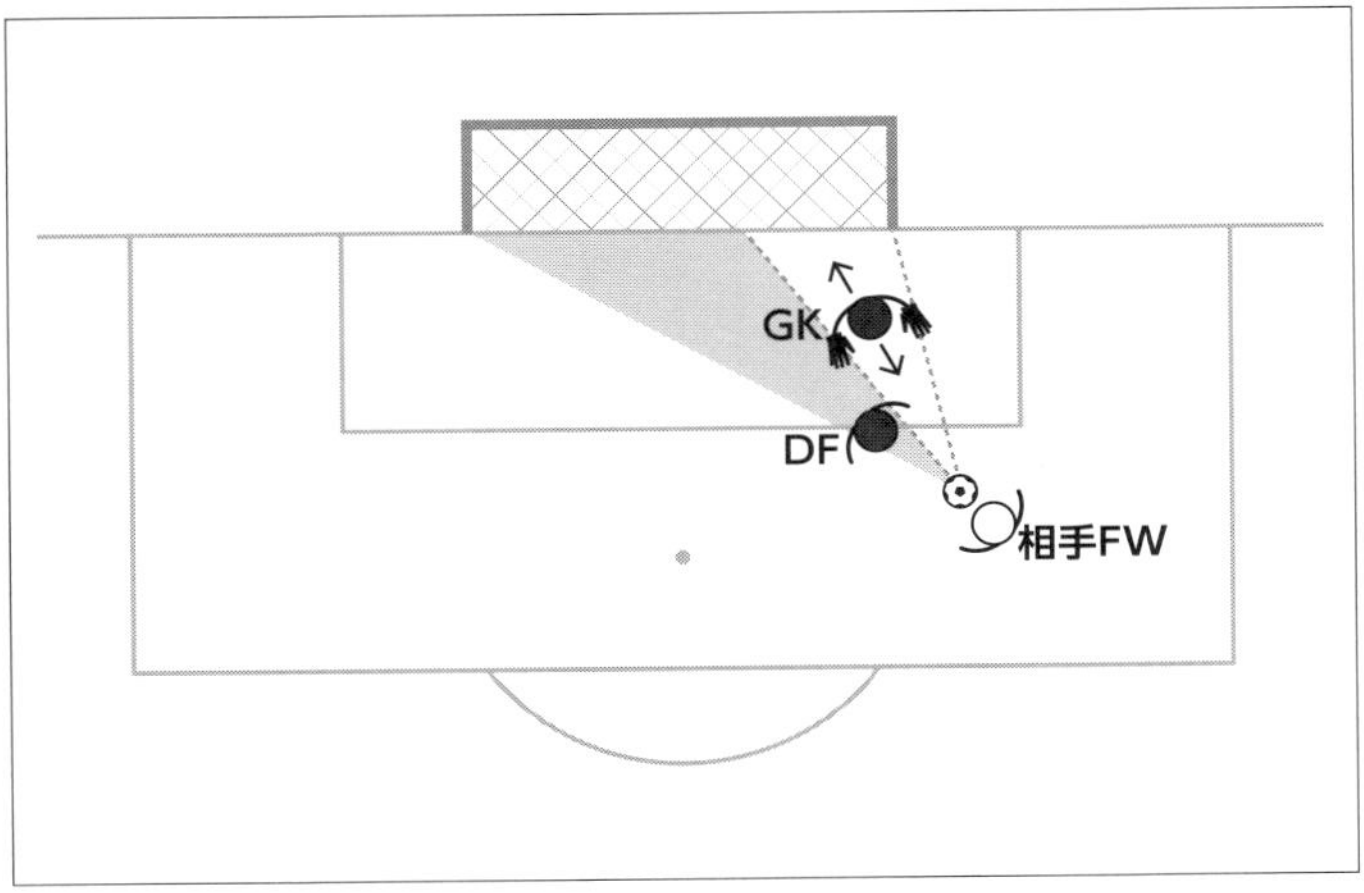

なく、相手がルックダウンした＝距離を詰める、相手がルックアップした＝後ろに下がると、決まっているわけではありません。状況を見定める基準の一つとして持っておき、総合的に判断することが重要になります。

そしてもう一つ、正しい距離を決めるための重要な指標があります。それはボールの位置と角度です。図のような3つのゾーンが基準になります（**図8**）。

ゾーン1（スタンド）は、立っているだけで守れるゾーンです。ゴールへの角度が狭いので、守る幅は2・5メートルくらい。身体と腕を伸ばせば届く範囲です。ゴールの幅をカバーできているので、ボールを持

図8

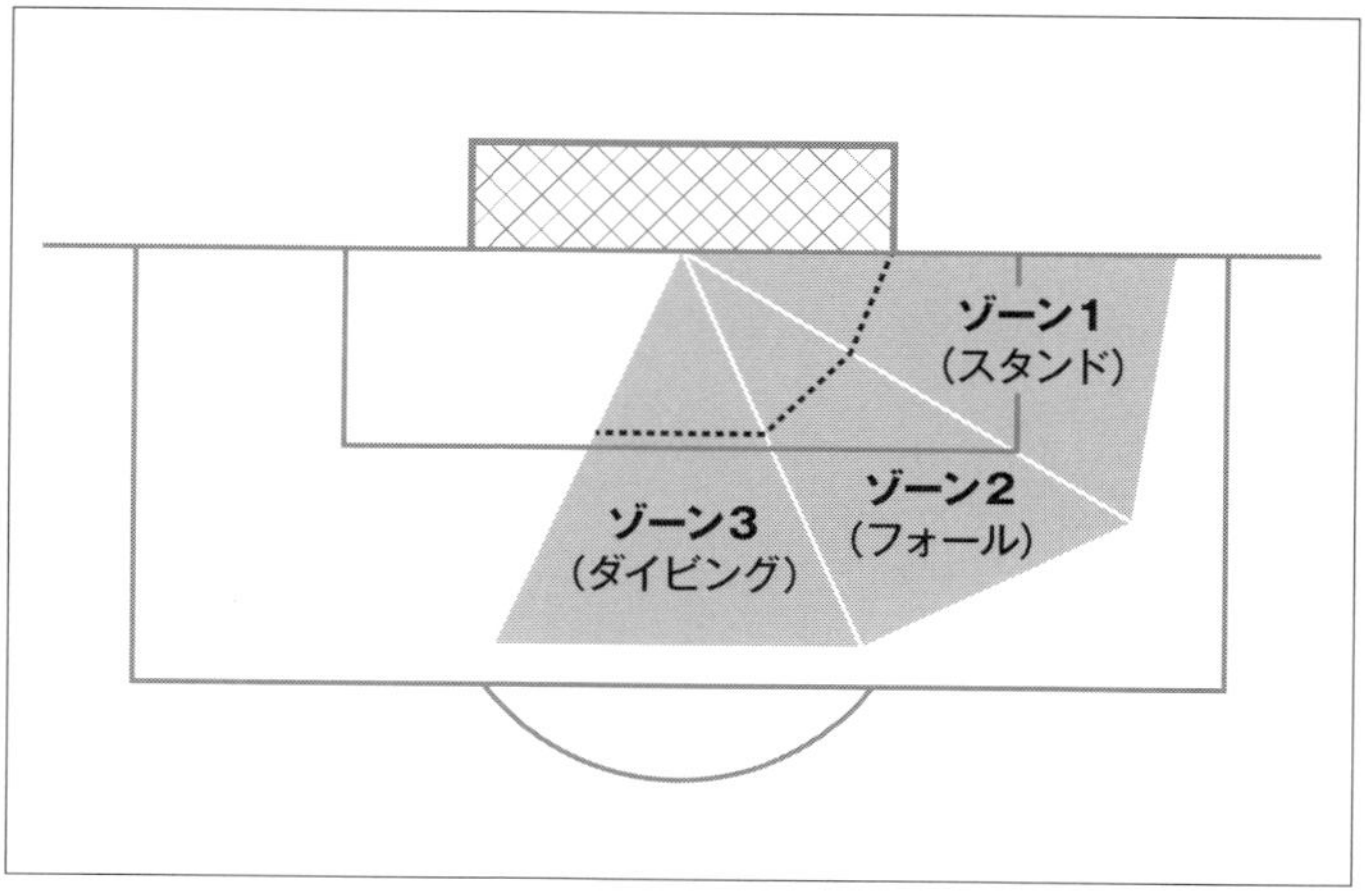

つ相手ＦＷとの間合いを詰める必要はありません。ニアポストで我慢し、相手のアクションを待ち、そのまま手足を出してセーブします。飛び出さず、ここで待っていれば、真ん中に折り返されたパスにも対処できます。

たとえば真ん中からゾーン１に出たパス、あるいは外へ流れて行くドリブルに対し、私は「あまり詰めるな」とＧＫに伝えます。なぜなら、その必要がないからです。間合いを詰めすぎると、動いている途中にシュートを打たれて股の下を抜けたり、真ん中の味方にパスを折り返されたり、といったプレーで簡単にはがされる恐れがあります。スタンドゾーンは決して重大な危機ではないのに、ＧＫが先に動くことで、相手ＦＷに正解を与えてしまうわけです。だから、詰めずに相手ＦＷに考えさせる。ゾーンに応じた『準備』で、正しいポジションと距離を取ることが大切です。

ゾーン２（フォール）は、そのまま倒れるだけでボールに届くゾーンです。図のようなポジションに立てば、守る幅は最大でも３・５メートル程度。それほど強くジャンプする必要はなく、ただ身体を伸ばして倒れるか、あるいはワンステップして倒れればボールに届く範囲です。

逆にゾーン３（ダイビング）は、ここから打たれると難しい位置です。最大で５メートルくらいの幅を守らなければいけません。ぎりぎりのコースに来たボールに対しては、思いきり踏み切ったダイビング、いわゆる派手なセービングが必要になるのが、ゾーン3です。ゾーン1とは違い、シュートを打たれそうなら、思い切って間合いを詰める必要があるかもしれません。

行くべきゾーンなのか、待つべきゾーンなのか。ボールの位置（角度）を考慮しつつ、先ほどの相手FWや味方DFの状況といった認知や判断と組み合わせて、GKの正しいポジションが決まります。

イニシアチブを取ること

例として2017年に行われたコンフェデレーションズカップ決勝のチリ対ドイツには、ゴールディフェンスのポジショニングがわかりやすい場面がたくさんありました。たとえば、前半5分のチリのチャンスです（図9）。

（左サイドに開いたビダルがボールを持ち、アランギスが中央から飛び出して浮き球のパスを受け、短く戻したボールを、ビダルがシュートした場面）

図9

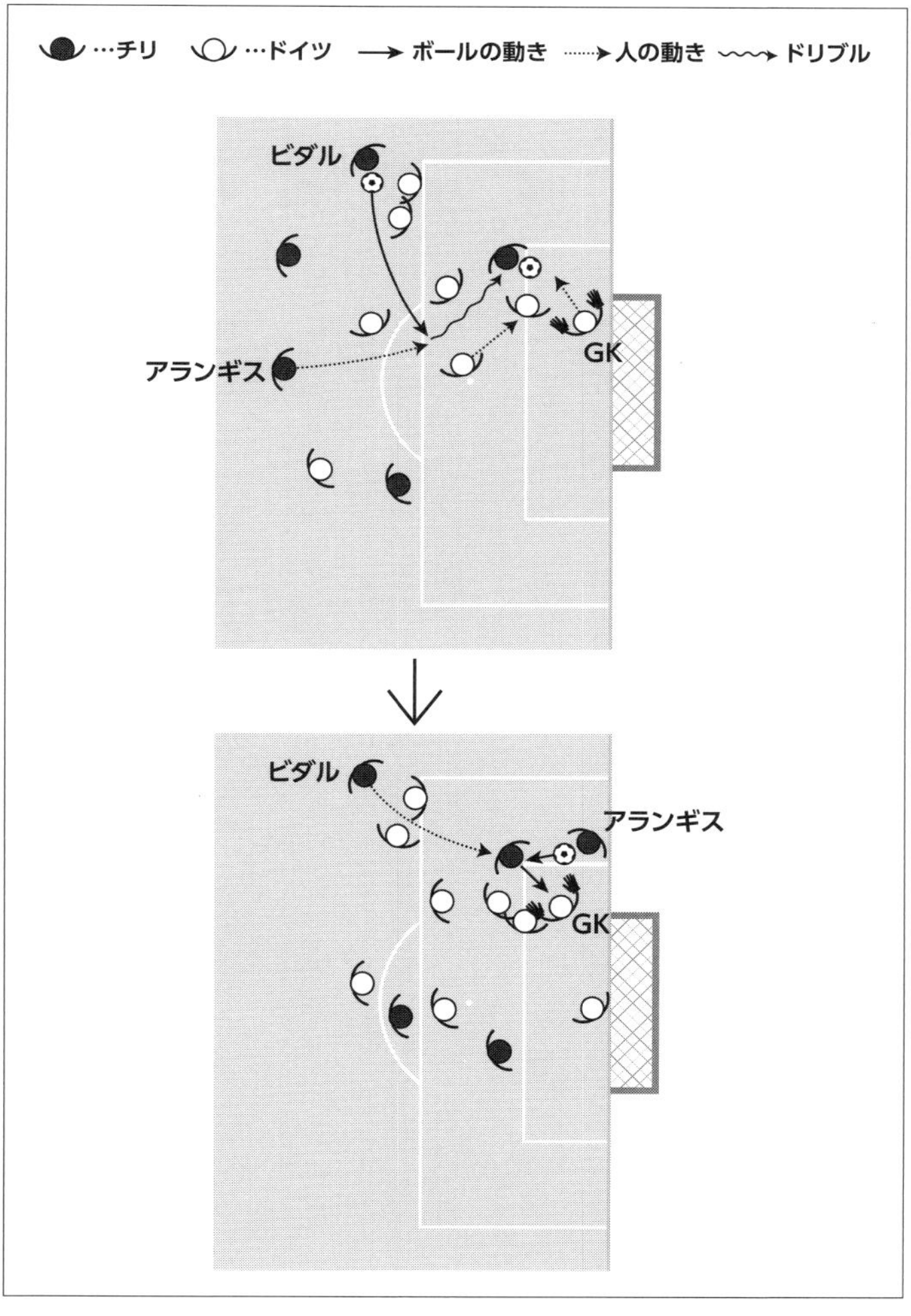

ＧＫのテア・シュテーゲンは、ゾーン2のアランギスにパスが渡ったとき、シュートを打たれてもいいように、少し重心を落とし、そのままのポジションで『準備』しています。そしてアランギスがドリブル突破を図ってきて、相手がバランスを崩した瞬間、一歩前に出ました。これが『アプローチ』の状態。ところが、アランギスはシュートを打たずにビダルへ戻したので、すぐに『リカバー』します。少しバックステップして戻りました。そして、再び『準備』へ。ボールを持ったビダルのポジションはゾーン1。スタンドゾーンですね。立つだけで防ぐことができる角度なので、しっかり止まって、バランスを整えて構えます。そこから打たれたシュートに対し、テア・シュテーゲンはサッと足を出し、セービング。このようにゾーン1では無理に飛び出さず、シュートコースを消すことを優先する対応が理にかなっています。

後半34分のチリのチャンスも良い例です（図10）。

（レオナルド・バレンシアが中央からアランギスにパスを渡し、アランギスがグラウンダーのシュートをし、テア・シュテーゲンが正確なテクニックでセーブした場面）

これはゾーン3ではなく、ゾーン2です。バランスを整えて倒れるだけでシュートコースをカバーできるので、プレジャンプ（セーブする直前にその場でジャンプし、反動をつ

図10

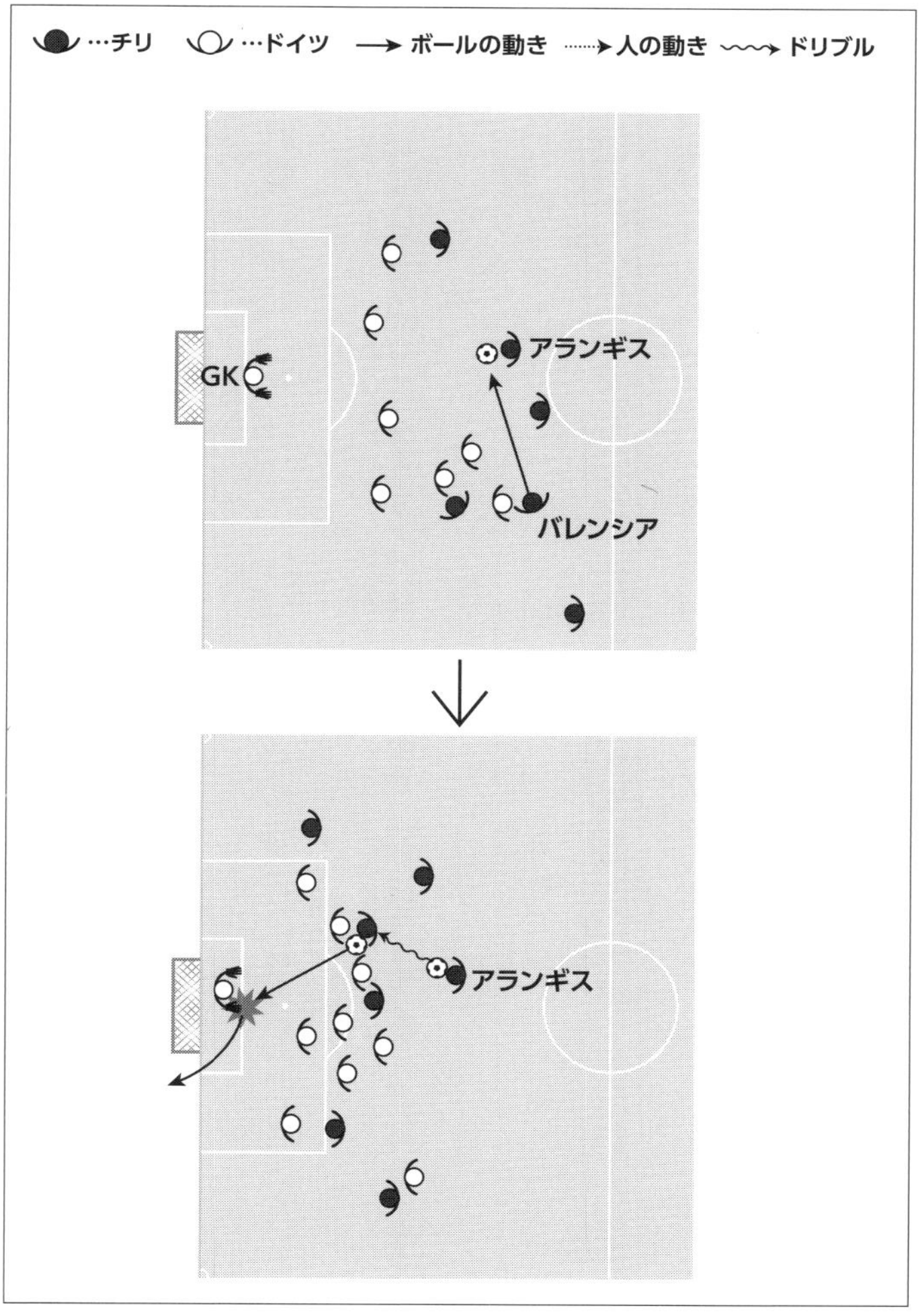

ける予備動作）は必要ありません。シュートがゴールポストのぎりぎりに来ても届きます。実際、足を見てもらえばわかりますが、テア・シュテーゲンの足の位置は変わっていません。アプローチで、ファーストステップすら入れていない。身体全体を使って（プレジャンプのように足は地面から離れていない）シュートに対するタイミングを取り、ボールに腕を伸ばし、倒れただけです。プレジャンプの是非は、後ほど詳しく説明しますが、ゾーンを分けて考えれば、少なくともゾーン1やゾーン2の場面では、遠くへダイビングする必要自体がないので、足を地面から離すような大きな反動をつける理由はまったく見当たらないわけです。

そして前半45分の場面は、ブラボのスーパープレーです（図11）。（チリの自陣深い位置のパスミスを、ドラクスラーが拾って持ち込み、後ろをオーバーラップしたゴレツカに出して、ゴール左からシュートした場面。ブラボがセーブ）

まず、ドラクスラーの位置はゾーン3、ダイビングゾーンでした。ここで打たれたら難しかったですが、ゴレツカの位置へパスが出たら、ゾーン1のスタンドです。しっかりとポジションに立って我慢する。詰めずにコースを消して構え、シュートかパスか、FWに考えさせます。実際、ゴレツカはすぐにシュートせず、ルックダウンしてワントラップを

図11

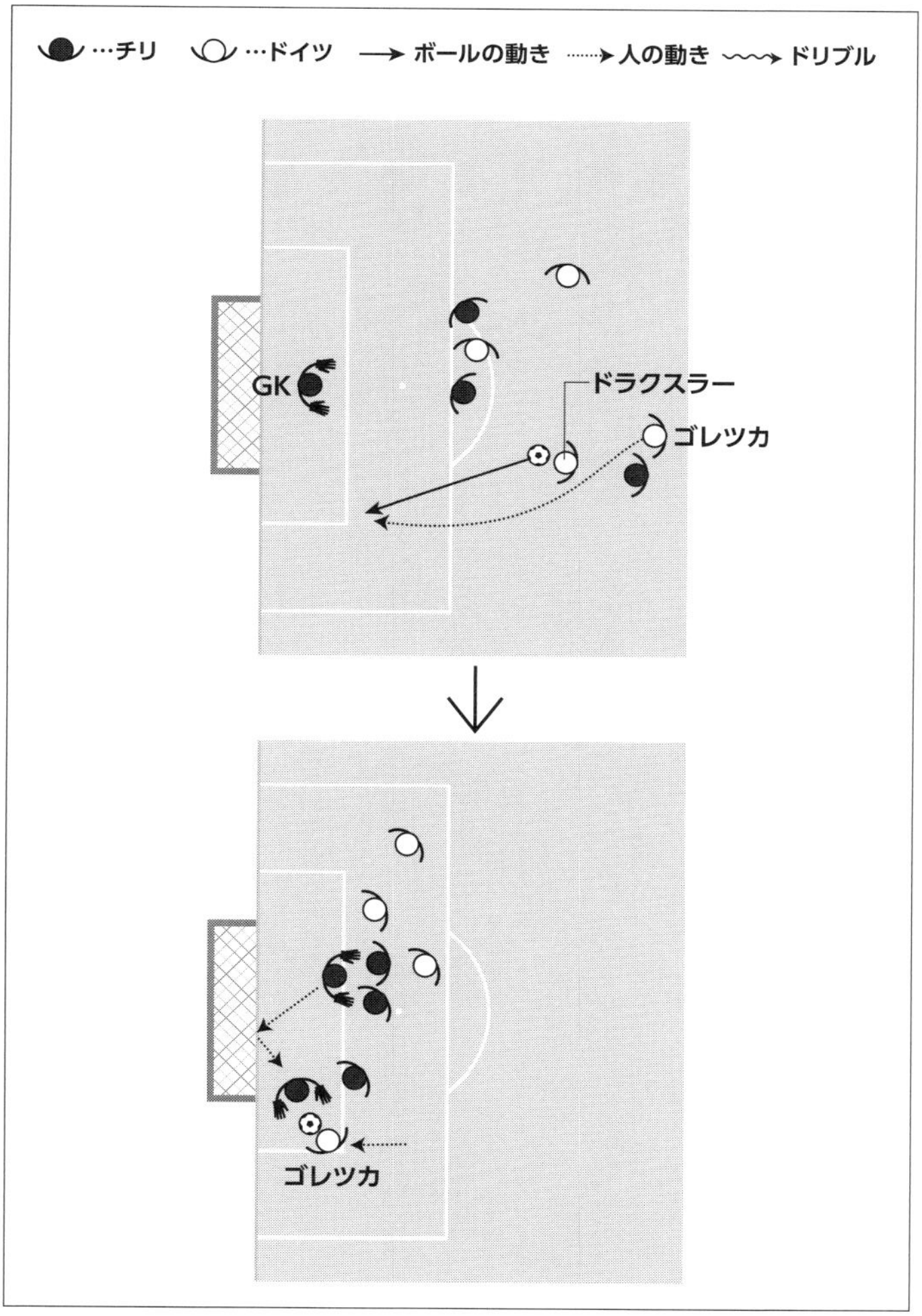

入れました。この隙にブラボが素早く前に出て、ボールにアタック。良い準備から、良いアプローチへ移りました。だから、身体に当てて防ぐことができたわけです。

3つのゾーンを頭に入れて準備をすること。僕が日本でプレーしていた頃は感覚だけでプレーしていましたが、こういう根拠を知ると、もっと状況を整理できます。この状況の整理をさらに無意識化し、何も考えずにコレクティブなプレーができるように練習することが求められます。

このように、GKはリアクションの仕事ですが、その中でもイニシアチブ（主導権）を取ることが可能です。止める形を頭に描いて、ここに来たら必ず止められるというプレーを、GKが状況ごとに見出だせるかどうか。

「リアクションでイニシアチブを取る」と言うと、反対語のような気もしますよね。でも、GKをやっていると、そういう状況を多くはないですが、作ることができます。我慢して、駆け引きのところで相手FWに考えさせ、自分がイメージする状況へ誘い込むわけです。ゾーン1、2、3は、その状況を整理するための基準ですね。

これはあてずっぽうな「読み」とは違います。GKから先にアクションを起こしすぎると、それは相手FWに正解を与えることになります。ディフェンスとの1対1でも一緒だと思いますが、先に相手DFが体重を右へ乗せたら、FWは反対へ行けばいいとわかってしまう。そうではなく、GKは先に動かず、頭の中でどのようにリアクションするのかを描く。そして、相手FWがあのアクションをしたら、自分はこのリアクションで止める。その状態をイメージして、実際に起こったときに素早く持って行くわけです。

このような判断力を伸ばすためには、GKのトレーニングで状況をたくさん経験させる必要があります。GKの練習は、技術やコーディネーション、ハードルやマーカーを越えて跳ぶようなフィジカルの練習もありますが、それだけではなく、試合の中で活かせる練習が大切です。

たとえば、DFが一方向を切った状況を想定するなら、GKは反対側を守ることになる。ただし、その場合は方向を限定された相手FWがドリブルで流れてくるので、自分も同じ方向にステップし、ポジションを動かしてからセービングするわけですよね。だから、練習でもステップを入れて、守る形をやらなければいけない。そこまで育成の練習で切り分けて、ゲームにつながるポジショニングや判断を磨いてあげることが大切です。

私自身、昔はディフェンスとの連携や、試合を意識した戦術的なGK練習をほとんど経験したことがありませんでした。ひたすらシュートを止めて、止めて、どう高く跳ぶか、どう遠くに跳ぶか。アクションの技術部分だけを切り出し、試合に沿った判断がない練習ばかりでした。

２０１６年の欧州選手権の後、ドイツサッカー協会はＧＫ部門の振り返りを行い、「ＧＫコーチはボールを蹴るマシンではない」と、かなり強調していました。ＧＫコーチは正確にボールを蹴るだけではなく、どのような状況で、何がＧＫに必要になるのか。サッカーのこと、ディフェンスのことも理解した上で、ＧＫを指導しなければいけません。

だからトレーニングを行う際は、技術練習はウォーミングアップのようにやることが多く、その後のメニューは、ほとんど認知や判断を組み合わせたアクションにしています。ドイツのＧＫコーチには「技術だけの練習なんかいらない」「判断がない技術練習をやっても効果的でない」と言う人もいます。

技術も身体能力も高いＧＫが、練習では単純なポストシュートをものすごく止めるけど、実際の試合になると、意外とシュートが止められない。そんなケースも時々あります。ＧＫは常に２つ、３つのことを考えながら動作をしているので、頭と身体を同時に動かさなければいけません。それができないＧＫは、認知や判断が遅れ、試合のスピードについていけなくなります。

練習からいかに状況を想定し、ゲームにつながるポジショニングや判断を伴ったプレーを磨くことができるか。それはフィールドプレーヤーだけでなく、ＧＫの育成でも重要なポイントです。

４つの構え方

ゴールディフェンスで正しいポジションを取ったら、次は構えです。ＧＫの『準備』は、正しい構え方も大切になります。どのように構え、アプローチ、アクションとつなげて行くのか。

私はＧＫの構え方に原則を持ってはいますが、骨格や筋肉の付き方、プレースタイルによって、正しい構え方はそれぞれ異なります。それを前提としつつ、私はＧＫの基本的なシュートへの構えを次の４つに分けています。

●高重心
●中重心
●低重心
●ブロック構え

大事なことは、状況に応じて構えを使い分けることです。ゴールディフェンス時のGKの適切な構えを決める要因は何だと思いますか?

いちばん大きな要素は、ボールホルダー(ボールを持っている相手)との距離です。次に角度が影響します。角度がなければシュートコースは狭くなり、構え方が変わります。その次はボールホルダーへのプレッシャー。前にDFがいて、すぐにでも足を出せそうか。DFによってコースが限定されているかどうかも、シュートに対する構えに影響します。そして、ボールホルダー自身の状況。どういう身体の向きで、どういう動きをしているのか。外に行こうとしているのか、中に来ているのか、それともゴールに向かってドリブルして来るのか。それも構え方に関わってきます。

お気づきかもしれませんが、これらの構え方を判断する要素は、ポジショニングとよく似ています。構えとポジショニングは、ベースの部分で密接に関わるため、私はこの2つをセットで、GK戦術にカテゴライズしています。構えは技術的な要素ですが、私は状況判断を伴う戦術の一つとして考えています。

具体的に、まずはボールホルダーに15m以上の距離からシュートを打たれた状況を想定してみましょう（図12−1）。

図を見ていただくと、ペナルティーエリアの長さは16・5mなので、GKとボールホルダーの距離は15m以上ある状況です。このケースは、高重心の構えが基本です（図12−2）。足のスタンスは肩幅くらい。

図12-1

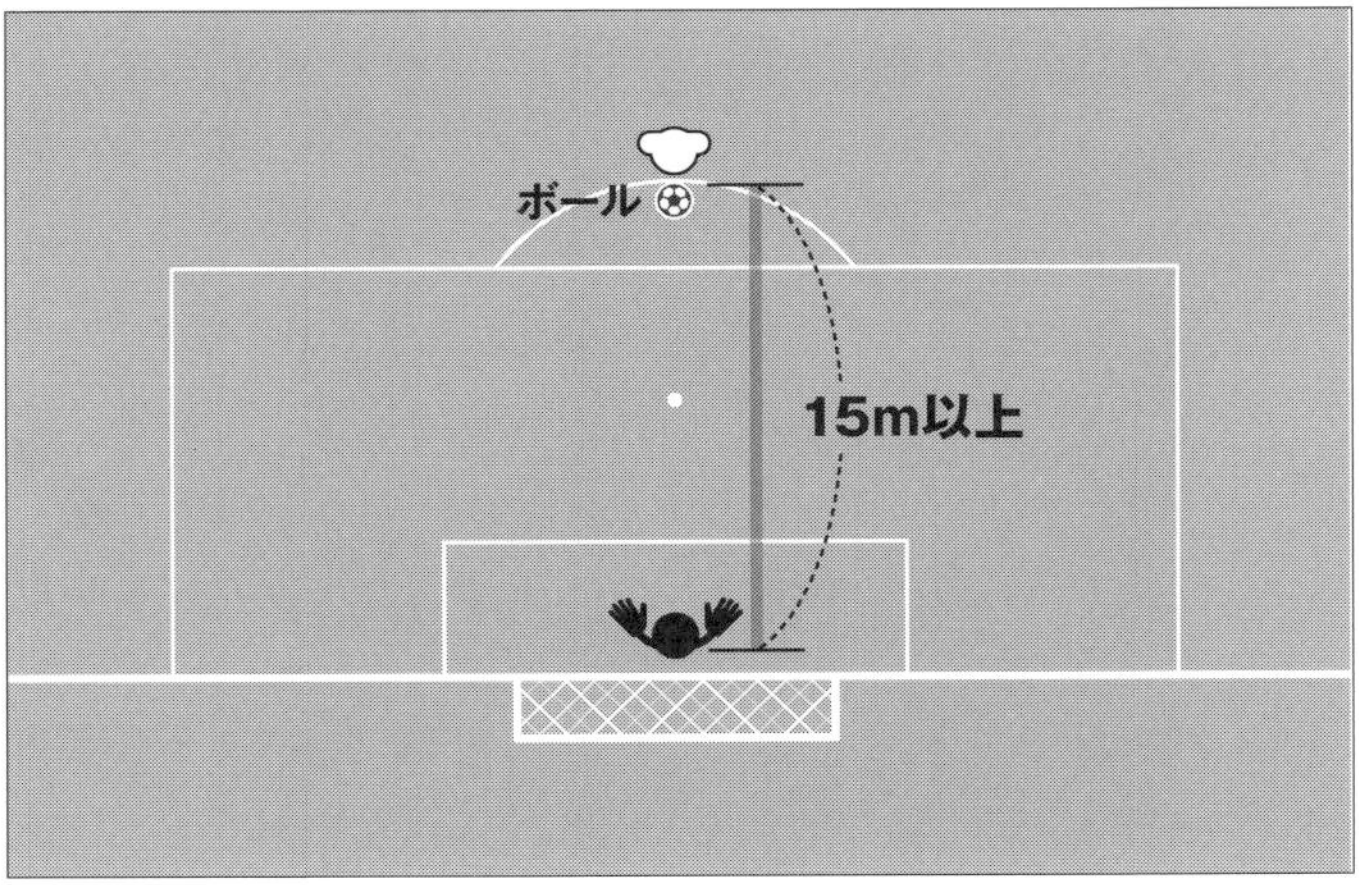

手はなるべく楽な位置に起き、上半身をスッと立てて目線を前にします。

この状況はシュートだけではなく、スルーパス、ドリブル、逆サイドへの展開など、さまざまなことが起こり得ます。それに対し、いろいろな動きを可能にするのが、高重心の構えです。この構えは、適度に全身がリラックスしていることが重要です。

また、距離が15m以上あるので、ぎりぎりのコースにシュートが来ても、少し時間があります。高重心の構えから、アプローチの段階で細かなサイドステップを踏んで身体を沈ませ、それからダイビングのアクションに移っても、間に合う可能性が高い。だから体をリラックスさせ、柔軟に動きやすい構え方にします。

高重心はあまり前傾にならないように、自然な構え方がいいですね。前傾姿勢になり過ぎると重心が下がり、動きづらくなります。前傾の構えからアクションを起こそうとすると、一度身体を伸ばし、もう一度動き始めるという二度手間の動きになってしまう。対応が遅くなるので、それは良くないですね。

チェルシーのティボ・クルトワや、バルセロナのテア・シュテーゲンは、高重心の構え方がとても綺麗で、あらゆる状況に素早く対応することができます。

図12-2　高重心の構え方

『フットボールネーション』©大武ユキ／小学館

次はGKとボールホルダーに、6～10mくらいの距離がある状況です（**図13-1**）。

ここでの構え方は中重心になります（**図13-2**）。いちばんのプライオリティとして考えることは、打たれたシュートに対し、なるべく早くアクションに移ること。約10mの距離から打たれたシュート、たとえばペナルティーキックを想像すると、サイドステップを踏んで身体を沈ませてから、跳ぶようなアクションはすごく難しいです。ボールからの距離が近いので、ワンステップを踏む時間がありません。その間にゴールネットに突き刺さってしまいます。

では何が大事なのか。飛んでくるボールに対し、サッと身体を伸ばして反応できる

図13-1

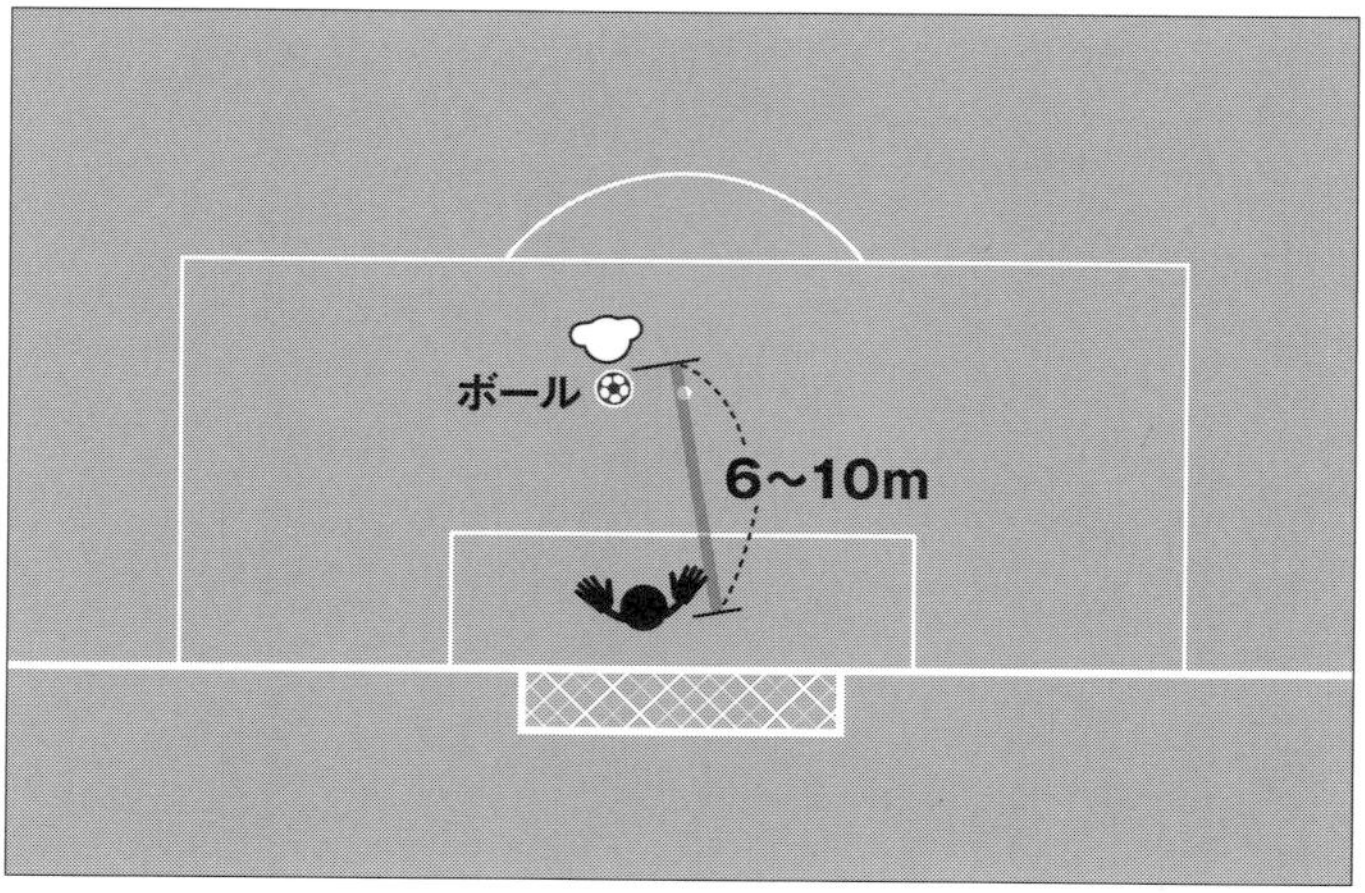

図13-2　中重心の構え方

距離が6〜10mの場合

高重心より体を縮ませ
早く跳ぶ動作に移れるように
構える。

大武ユキ

構えを作ります。そしてボールに対して近いほうの足を半歩出し、その半歩で身体を縮ませて、アクションを起こす。たとえば左にセービングするときは、右足で少し地面を蹴り（重心を左に移動させるため）、それを左足で支えて、最終的には左足で踏み切り、ボールに向かうイメージです（図14）。

つまり、最初からちょっと身体を縮ませ、構えるわけです。ジャンプ動作など、人間が身体を大きく動かすためには一度縮む必要があるので、先に少ししゃがんでおき、ボールの軌道が見えたらすぐに身体を伸ばして跳ぶ動作に入る。これが中重心の構えです。高重心よりも早く反応できる特長があります。

セービングはどれだけ遠くに跳べるかを意識しがちですが、重要なポイントはそこではありません。早さです。どれだけ早くアクションを完了できるか、そしてボールに触れるか。どれだけ早く身体を伸ばし、ボールにアタックできるか。ホッフェンハイムのオリヴァー・バウマンは、中重心の構えから身体をすぐに伸ばすセービングがとても上手ですね。

中重心は大きなステップを踏むわけではなく、あらかじめ少し縮めて待っているバネのような感覚です。そのバネをさらに半分緩めたり、状況によってはもっと縮めて遠くに身体を伸ばせるように構えたり。それはすべて状況判断です。優秀なGKは、このような構

図14

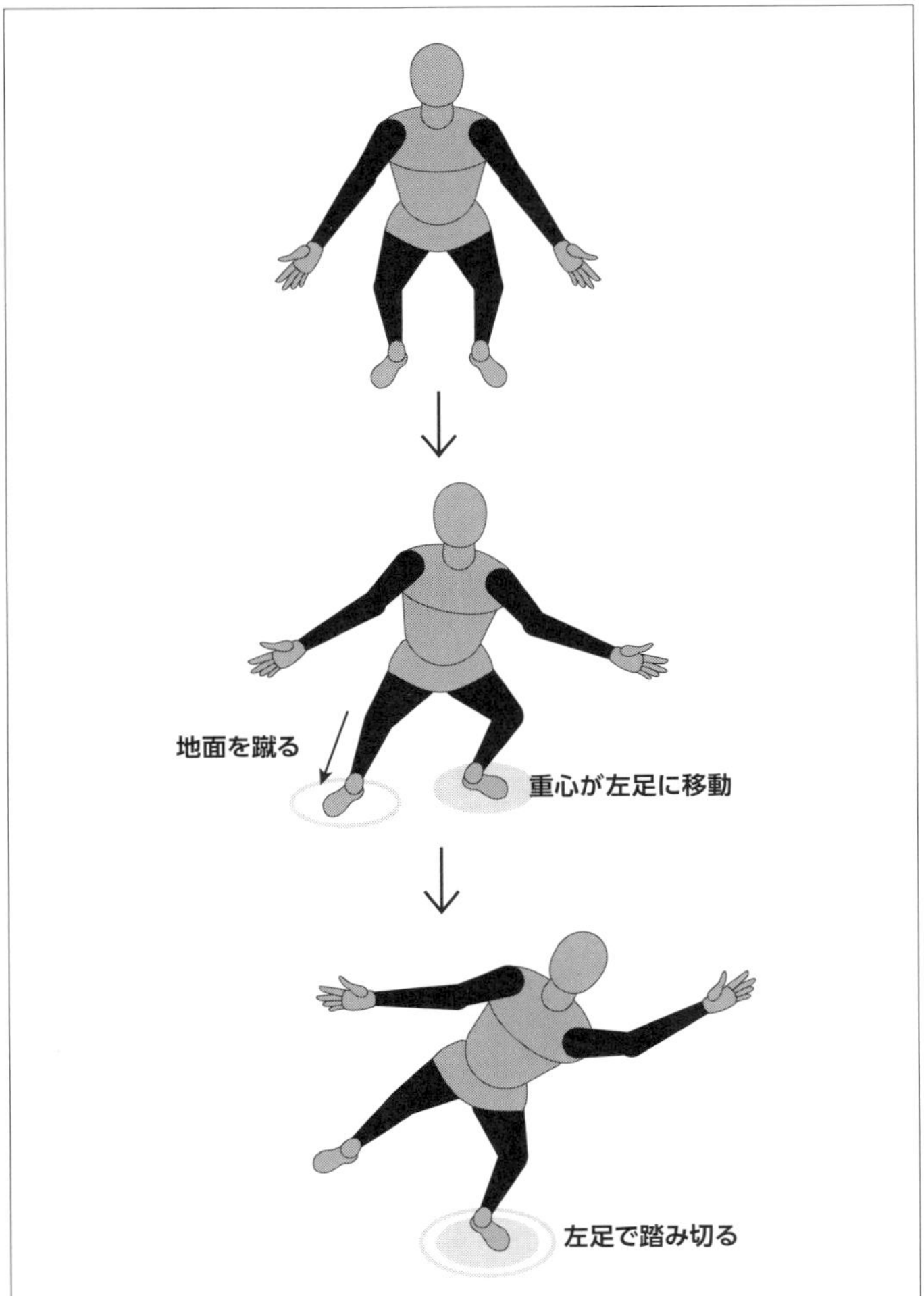

え方のバリエーションを、ボールホルダーとの『距離』や『角度』、『DFのプレッシャー』、『ボールホルダーの状況』によって自然と変化させます。

3つめは、3m以内のもっと近い距離です（図15-1）。かなり間合いが近いので、構えは低重心です（図15-2）。ボールに近い目線を持ち、切れるシュートコースに素早く入ります。このとき重心をできるだけ低くし、身体近くのボールに、手足で反応できるようにします。ボールに手を伸ばせば、すぐに届くような位置まで重心を下げ、ボールにアタックできる姿勢、シュートコースに手足を伸ばせる姿勢を取ります。

図15-1

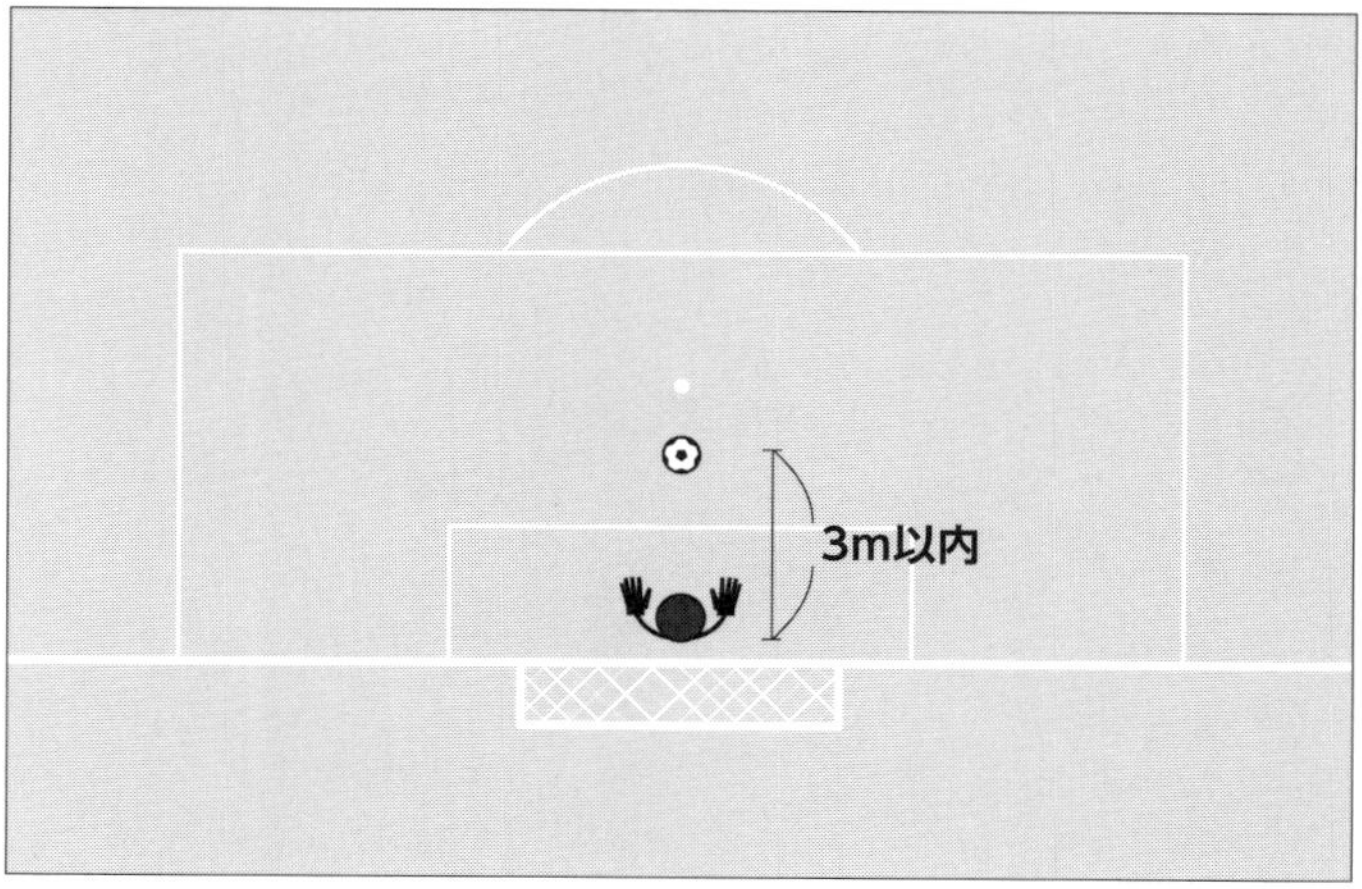

図15-2　低重心の構え方

距離が3m以内の場合

・前傾姿勢を保つ。
・身体近くのボールに手足で
　反応する。
・腕を身体よりも前に。

大武ユキ

低重心の構えを作るときに気をつけてもらいたいのは、前傾姿勢を保つこと。この構えで後ろ重心になると、そこから前にアタックするのは難しい。横にも反応しづらく、後ろに倒れてしまうこともあります。そうならないように前傾姿勢を取って、変に身体が動かないように構え、ボールが来る瞬間に手足を出します。

前傾にするためには、腕を身体よりも前に持ってくることが大事です。手をだらんと伸ばしすぎると力が入りづらいので、少しひじを曲げるくらい、角度でいうと120度から160度くらいです。日本においてもGK講習会等で最初に構え方を指導しますが、小学生に「構えて」と言うと、

図16

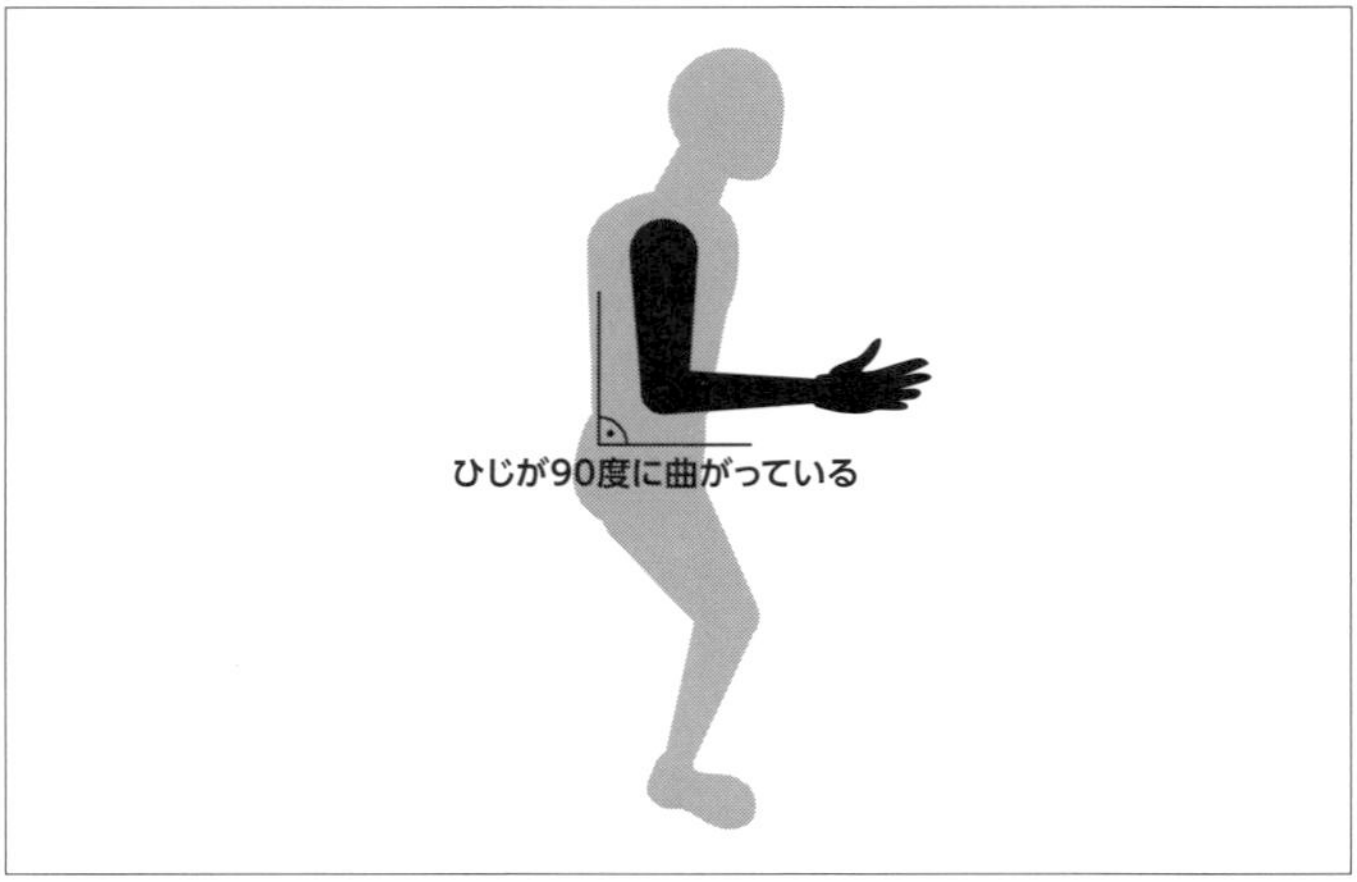

図17　ブロックの構え

距離が1m以内の場合

・股間を閉じる。
・ボールが身体に当たる
　面積を広げる。

大武ユキ

ひじを90度に曲げて手を前に出す子が多いです（図16）。肘を身体に近づけるように構えると、後ろに重心がかかってしまいます。手の置き方も、正しい構えを作るためのポイントですね。

最後の４つめは、ボールとの距離が１mよりもっと近いときです。この状況では股間を閉じ、ボールが身体に当たる面積を広げるように、ブロックの構えを使用します（図17）。

以上が基本の４つの構え方です。高重心は力が抜けている状態、中重心は少し力が入っている状態、低い重心はしっかりと身体に力が入っている状態、ブロックの構えは壁を作った状態、というイメージですね。

高重心はニュートラルな構えなので、どんな動きにも移ることが可能です。ただし、ダイビングするときは、ワンステップして身体を縮めてから伸びる必要があり、ボールにアタックするまでに、もう一手が必要になります。

中重心の場合は、身体を縮めているので、すぐに身体を伸ばして跳べるのが利点です。しかし、短所としてはサイドステップでより遠くへ移動する必要が生じたとき、一度身体を伸ばしてニュートラルに戻してから、もう一度ワンステップを踏み直す形になります。

基本的には、距離が近づき、シュートの脅威が高まるにつれて、重心を下げていくイメージですね。どの構えにも長所と短所がありますが、GKとボールホルダーの距離から、4つの構えを使い分けて対応します。

また、ボールホルダーへの距離は構え方を決めるための重要なポイントですが、それだけではありません。角度や、ボールホルダーへのプレッシャー等も判断の要素です。

たとえば、距離が10mだとしても、ボールホルダーがゾーン1（スタンド）のゴールライン付近でシュートの角度がほぼなけ

図18

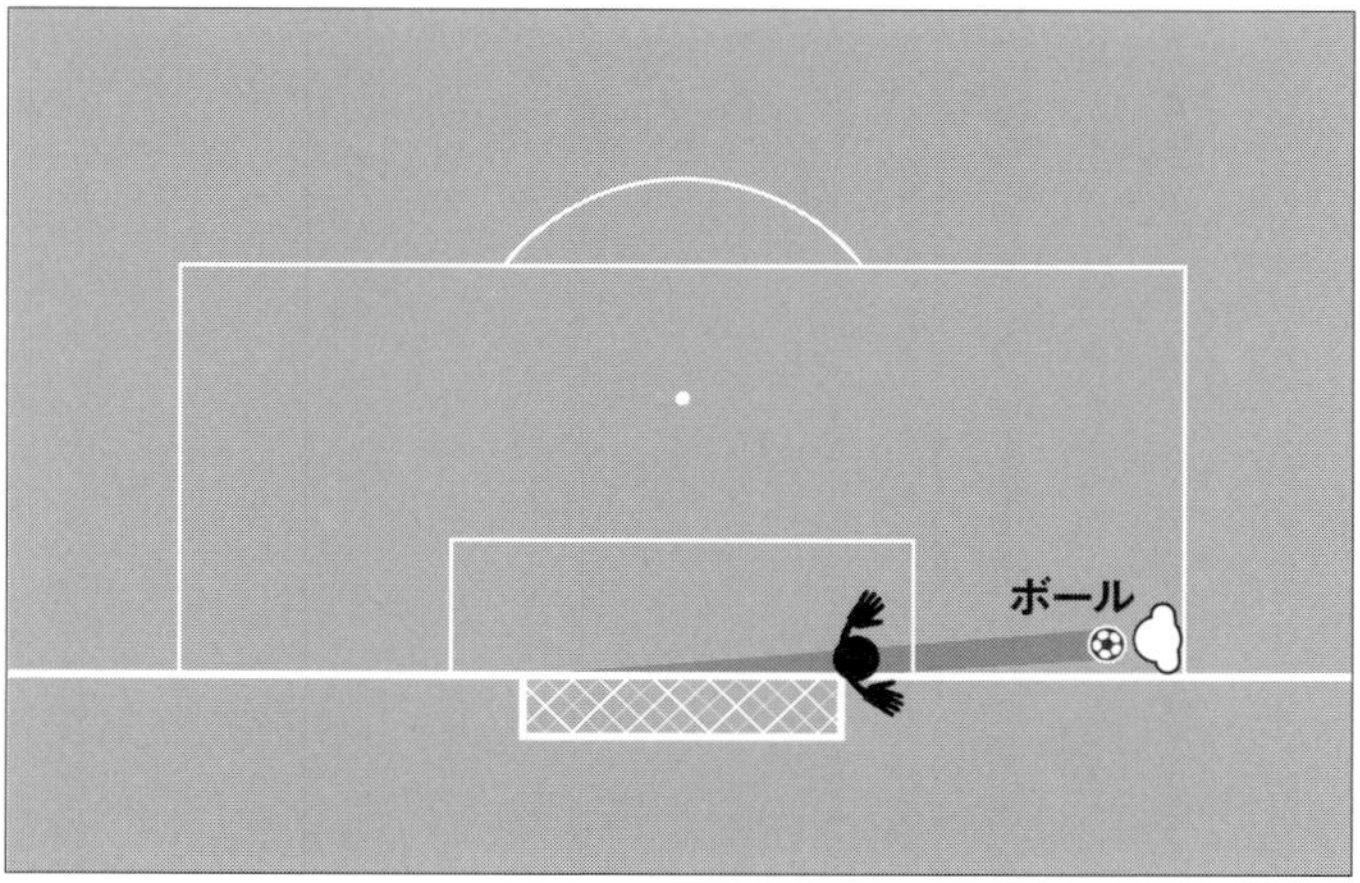

れば、中重心で構える必要はなく、高重心の反応でも間に合うかもしれません（図18）。コースがほぼないので、立っているだけで跳ばなくても防ぐことができ、身体を倒さなくても足や身体でシュートストップできるからです。

では、その次に何を考えなければいけないのか。アシストパスや、逆サイドに振られるクロス等に反応できるように、動きやすくできればいい。身体を沈ませず、高重心でニュートラルな状態に構えれば、いろいろなアクションへ柔軟に移ることが可能です。この状況は、距離は10ｍですが、総合的には高重心がベストと判断できるわけです。

距離、角度（ゾーン）、相手の状況など、総合的に判断して正しい構えが決まる。まさに構え方はＧＫの戦術なのです。

第2章　GKアクション（キャッチング・セービング）

GKアクション（キャッチング・セービング）

『プレジャンプ』の考え方

正しいポジションと構えが決まったら、次はアプローチ、アクションへと移ります。相手がシュートを打つのを見極めたら、タイミングを合わせて初動を起こし、ボールに対して『アタック』の意識でセービングに行きます。

このとき議論となる動作の一つに、『プレジャンプ』があります。セーブする直前にジャンプし、反動を付けて跳ぶ動きを指しますが、予備動作が大きく、隙ができるのでＮＧと認識する人も多く、賛否両論を伴って語られています。

まず、プレジャンプという言葉が独り歩きするのは良くないので、その意味をはっきりさせましょう。高重心や中重心の構えで説明したとおり、人間は身体を一度縮ませなければ、大きく跳ぶことができません。そのリズムを取るために、シュートを打たれる直前、少しだけ〝トン〟と地面を踏む動作は必要です。たとえば野球のバッターは、最初はリラックスして構えていますが、ボールを打つ瞬間はタイミングを取って力強くバットを振るために、ボールに近い足を〝トン〟と動かしますよね。シュートに対してリアクションをするGKも、そういう動きは必要ですから、まったく問題ありません。それすらも『プレジャンプは良くない』と言ってしまうと、立ったまま、身体が伸びたままで動くことになり、とてもプレーしづらくなります。

私が考えるネガティブな『プレジャンプ』とは、完全に足が地面から離れ、大きく身体が浮いたジャンプのことです。どんな言葉を使ってもいいのですが、私のようなGKコーチの立場からすると、少なくとも指導するGKとの間では言葉が同じ意味を持っていなければいけません。私は「プレジャンプ」という言葉が、ジャンプをする動作を連想させるので、あまり好きではありません。育成年代の選手を指導する時は、この言葉は使用せず、身体全体でリズム、タイミングをとらせる感覚を身に着けさせるようにしています。

しかしGKによっては、この大きなプレジャンプをしたほうが、遠くに跳べる感覚を持っている人もいます。それに関しては、私がドイツにいるときにブンデスリーガのアカデミーGKコーチが大学と協力して実験を行ったのですが、プレジャンプによってセービングの距離が伸びるという、優位的な差はありませんでした。両足が地面から離れるようなプレジャンプをする間に小さなサイドステップを一つ入れたほうが遠くへ行けますし、中重心のセービングのように半歩出した足で身体を縮めて跳んだほうが、ボールに安定して早くセービングに行けると、私は考えています。

また、プレジャンプによってバランスが崩れたり、動作が大きすぎてタイミングが合わなくなったりします。たとえば、シュートを打たれた時点ではボールと10mの距離があったのに、プレジャンプから着地した時点でボールが5mまで迫っていたら、5m損してしまうわけです。そこでシュートとプレジャンプのタイミングをぴったりと合わせる努力をするのか、それとも極力プレジャンプを小さくして、軽量級ボクサーがジャブを打つときのステップワークのように、小さな動作でタイミングを取るのか。その差になりますが、私は後者のほうがいいのかなと思います。

少し昔の選手でティム・ヴィーゼというドイツ代表のGKがいました。現役時代はブレーメンで活躍し、ダイナミックで身体能力のあるGKですが、とてもプレジャンプが大きく、プレジャンプをしなければ防げるような簡単な失点が目立っていました。もしかしたら、プレジャンプでタイミングが合ったときはビッグセーブをしているのかもしれない。でも、その動作によって失うもの（バランスやタイミング）もあります。どっちを取るのか。私のGKの考え方は、できるだけイージーなミスを無くし、止められる範囲のボールはしっかり止める、というものです。そして、シュートを打たれる前の「ポジショニング」と打たれる直前の「アプローチ」で止められる範囲のボールを増やしていく。

サッカーの複雑なシチュエーションで、大きなプレジャンプをしてタイミングがずれ、着地をした瞬間にボールが目の前に来てしまい、キャッチングでファンブルしてしまう。実際にそういうケースはたくさんあります。特にメッシのような技術的な選手に対し、プレジャンプはかなりリスクが高いと考えられます。

さらに付け加えると、ゾーン1、ゾーン2、ゾーン3の違いで説明したように、たとえば角度のない位置からシュートを打たれたときは、大きくタイミングを取らなくても、体を少しボール方向に動かすだけでセーブできます。遠くにダイビングをする必要がないのなら、そもそも反動をつける動きは最小限でＯＫ。シュートに対して身体を早く動かすことに集中するべきです。むしろプレジャンプして、バランスやタイミングがずれたら簡単な失点の危険が高まります。

プレジャンプの効果自体は、賛否両論があるかもしれません。しかし、少なくともゾーン1やゾーン2ではダイビング自体が不要であり、遠くに跳ぶためのプレジャンプがはっきりと否定されるケースです。これらは切り分けて考えたほうがよいでしょう。

正しい初動を行い、いよいよアクションへ移ります。ゴールディフェンスの最も基本的なアクションといえば、キャッチングですが、育成年代のGKはファンブル（取り損なってボールをこぼすミス）に問題を抱えるケースが多いです。ファンブルをせず、安定したキャッチングを行うためには、いくつかの技術的なコツがあります。

まず、キャッチングの原則は、一つのタイミング、一つの力でボールに向かうこと。身体の正面付近のシュートに対して、GKがオーバーハンドキャッチで手を出すとき、左右の手が『逆V字』、『逆U字』といった軌道をたどる選手は多いです（図19）。ただし、どちらも両手が重なるのは一瞬しかありません。ボールに触る瞬間、両手が離れていたり、あるいは左右の手が違うタイミングでボールにコンタクトしたりすると、キャッチのコントロールが難しくなります。たとえば、一度左手に入ったボールを右手で抑える形になったり、あるいは両手で横から白刃取りのように挟み込もうとしたり、それらはまさにファンブル

図19

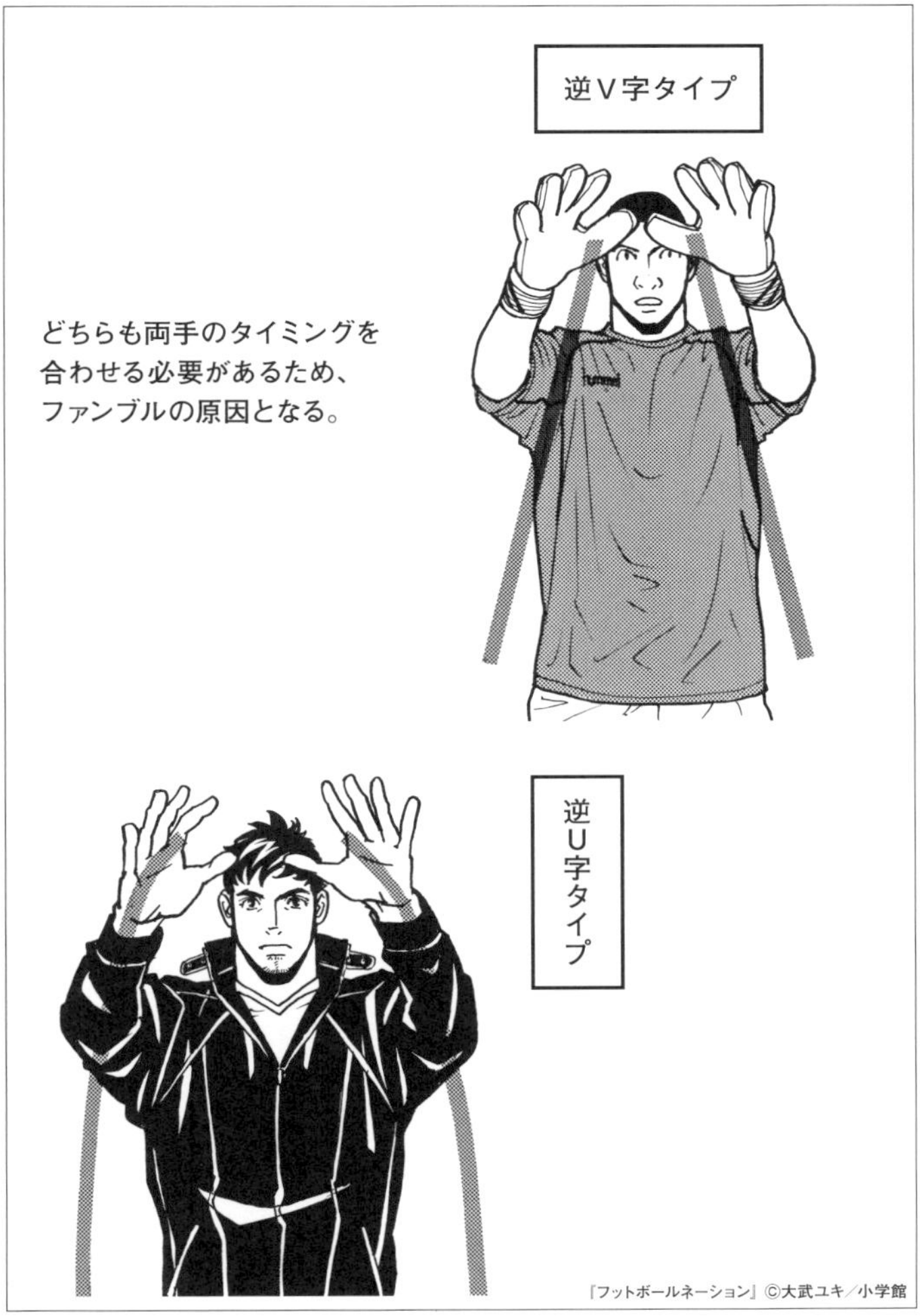
逆V字タイプ
どちらも両手のタイミングを
合わせる必要があるため、
ファンブルの原因となる。
逆U字タイプ
『フットボールネーション』©大武ユキ／小学館

の原因になりますね。

キャッチングは一つのタイミング、一つの力でボールに向かうことが大事です。育成年代で正しい感覚を知るためには、ボールが来る前に手を寄せ、両手で大きな手のひら1枚を作ってから、それをボールに持って行く『逆Y字』のイメージで取り組ませることも一つの方法です（図20）。右手と左手がバラバラにボールに触れることが、ファンブルが起きてしまう原因だとしたら、先に『逆Y字』で両手を寄せておき、その形のままでボールにアプローチする。両手の親指が重なる部分を、ボールの中心付近に持って行きたいですね。この方法なら『逆V字』や『逆U字』のように、両手のタイミングを合わせる苦労は要りません。

実際に『逆Y字』の動作をやってみてください。両手を合わせ、ひじを伸ばしてボールに両手を持って行くとき、肩から手先までが一本に合流し、パワーを持ってボールをキャッチする感覚をつかめると思います。シュートの勢いに負けないように必死に力を入れるとか、ボールを押さえようとするとか、そんな必要はありません。ただ、身体の力を合流させるだけ。このキャッチングの感覚を知ることは、ＧＫとして非常に有益です。

図20

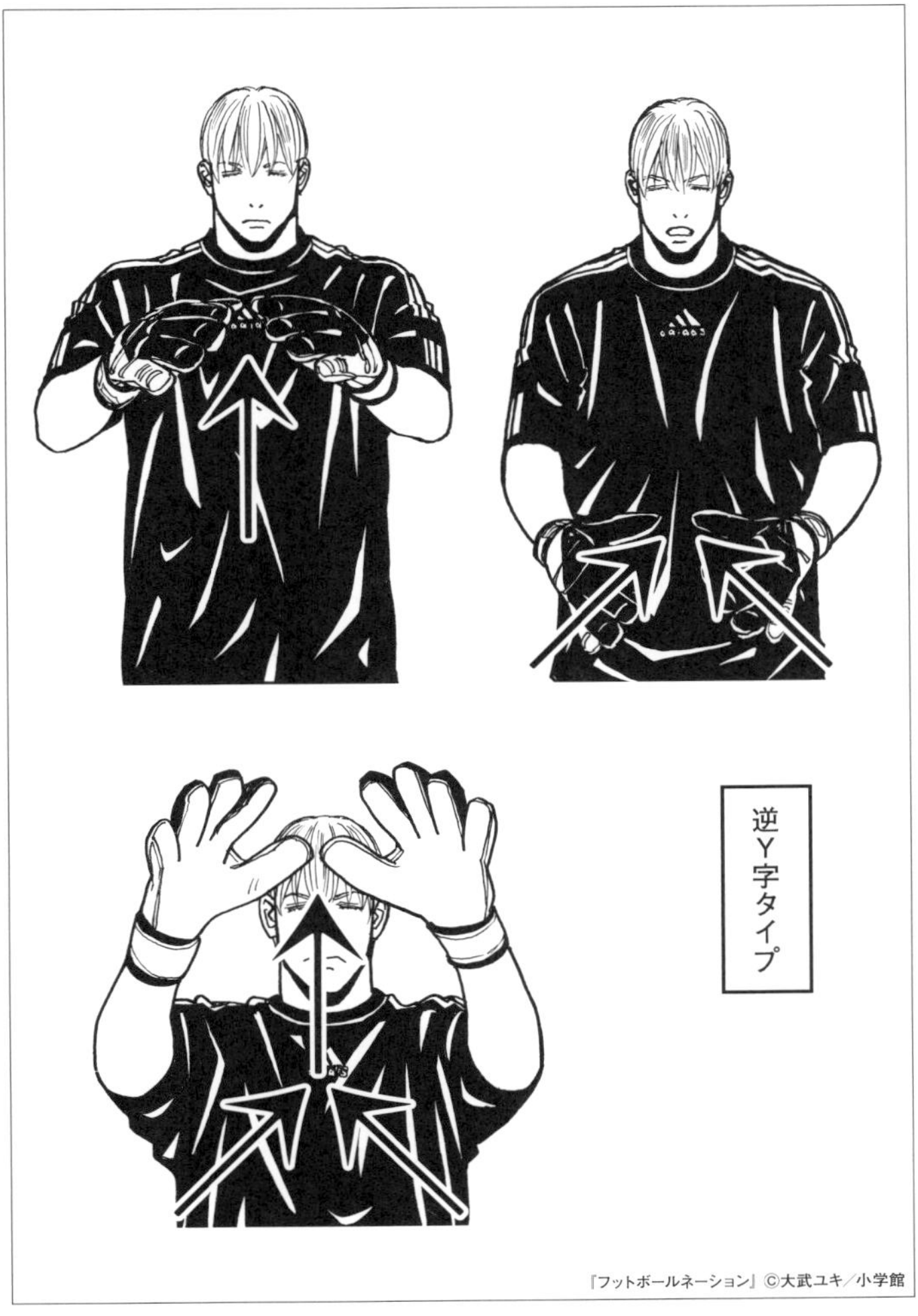

『フットボールネーション』©大武ユキ／小学館

手が小さいことを、気にしているGKもいるかもしれません。もちろん、大きいに越したことはありませんが、手が小さいから他のキャッチの仕方にしたほうが、うまく取れるかといえば、それはないと思います。結局はボールに対してどのようにアプローチをするかです。最終的には手のどこに当たっても止められるようにしなければいけませんが、トラップやコントロールと一緒で、ここに当てたらボールの勢いを吸収しやすいという〝点〟があります。そこに両手を持って来ること。いくら強いシュートが来ても、しっかりとボールを見て、手を持って行くことができれば〝点〟に入ります。片手の場合も同じことですが、ただ、シュートに対してのアクションなので、ある程度は力で押さえ込む必要があります。両手で行っても、右手と左手がずれていると〝点〟に合わなくなるので、『逆Y字』で両手を一度つなげてから、キャッチングに行くのが良いです。

キャッチングについて、もう一つの大事なポイントは、ボールコントロールを身体の前で行うことです。人間は目に見える範囲で身体をコントロールするときが、いちばん正確に身体を動かすことができます。例えば背後のテーブルに置いてあるリンゴを、前を向いたまま取ろうとしても、意外と正確には手を出せないものです。手の動きが自分のイメージとずれてしまうからです。

だからこそ、たとえば横に飛んできたシュートに対し、身体の横でキャッチせず、斜め前に手を伸ばしてキャッチに行くことが大切なのです。ボールに力強くアタックすることも理由の一つですが、もう一つは、斜め前に手を伸ばせば、自分の目に見える範囲なので、イメージ通りに身体を動かしやすいことが挙げられます。逆に、身体の横でキャッチに行くと、死角に手を伸ばすことになるため、コントロールの精度が落ちます。

また、身体の横でキャッチに行くと、身体が回旋しやすく、ボールの勢いに動きが巻き込まれ、ファンブルして斜め後ろのゴールに吸い込まれるミスも起きやすい。ゴールの枠外へはじくのも困難です。逆に、手を前に伸ばしてボールに向かって行けば、正面のボールを一発でキャッチし切れなくても、その場で一度地面にバウンドさせてから抑えたり、あるいはボールにアタックして強く枠外へはじいたり、そういう柔軟な判断もできますね。

『逆Y字』でキャッチングの練習をすると、一つのタイミングで、身体の前で、ボールを扱う感覚がトレーニングできます。ファンブルの原因はさまざまですが、もし、その癖があるGKがいたら、お勧めしたいテクニックですね。

もう一つ、ファンブルの原因としてありがちなことは、手の位置です。低重心の構え方でも説明しましたが、GKをやる子どもたちに「構えて」と言うと、ひじを90度に曲げて構える子がたくさんいます（図21）。さらにプレジャンプにも似ていますが、シュートに対してタイミングを取るとき、弾みながらひじをグッと後ろに引く、プレ動作を入れるGKも多く見かけますね。

しかし、それらはデメリットが多いです。後ろ重心になってしまうだけでなく、キャッチングの形が崩れてしまいます。たとえば正面に飛んできたシュートに、この構えから手を出そうとすると、両側からボールを挟み込む形になってしまう。ファ

図21　ひじを後ろに引いてしまう“プレ動作”

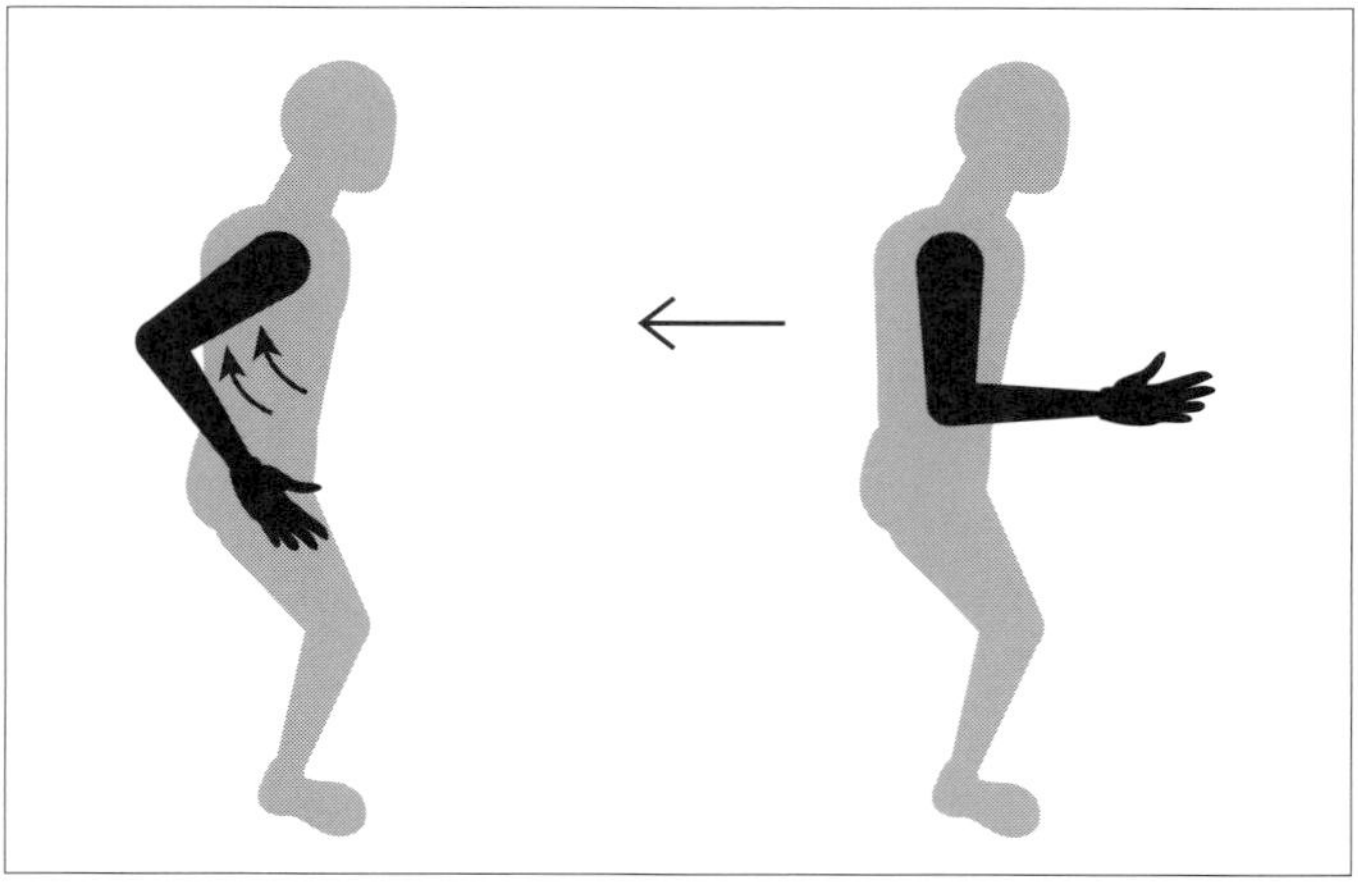

ンブルの原因です。

逆に、手の位置をそのまま前にリラックスした状態で下ろしておけば、両手が合流して『逆Y字』でボールに真っすぐ向かいやすくなります（図22）。身体の前に両手があれば、自分の目に見える範囲から手が出て行くので、イメージ通りに身体を動かしやすいのも利点ですね。アクションとしてもボールに対する距離や時間が短く、簡単に行うことができます。構えたときの手の位置にも注目してください。オーバーハンドでのキャッチングはGKにとって重要な技術の一つです。シュートだけでなく、クロスに対してもオーバーハンドでキャッチを行うことになります。最初は難しいと

図22

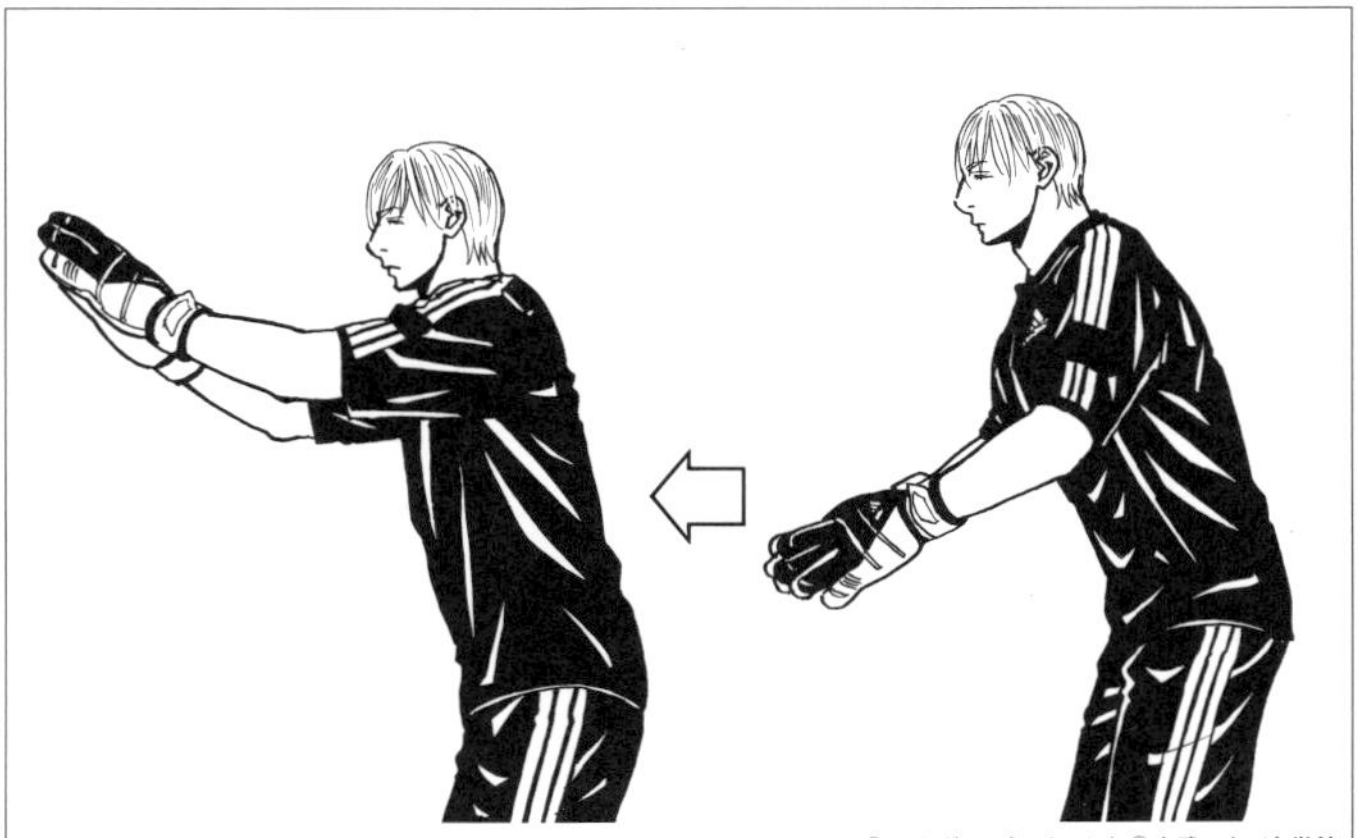
『フットボールネーション』©大武ユキ／小学館

思いますが、練習をすればするほど上達する技術でもあるので、構えた状態からどのように両手をボールに持って行くかを意識しながら、数多く練習することが大切です。

それ以外に考えられるファンブルの原因は、ボールが微妙な高さに飛んできて、オーバーハンドキャッチと、アンダーハンドキャッチの判断に迷うこともあります。これもファンブルが起こりやすい状況です。

迷わずに「こっち」と即断できればいいですが、少しでも迷ったときは、低めのボールでもオーバーハンドで手を出す意識を持つといいと思います（図23）。なぜなら、仮にキャッチできない場合でも、オーバーハンドの格好からボールを横にはじき出すことが可能だからです。GKのセービング技術は「つかむ」、「はじく」、「触る」と、大きく分けて3種類あります。日本ではあまり見られませんが、ドイツではボールをはじくトレーニングもしっかり行われています。

キャッチしようとして、出来なくて、自分がコントロールし切れなかったボールがこぼれたら、それはまさしくファンブルです。ゴールに直接入ったり、相手の前に落ちたりと、何が起きるかわかりません。それを避けるためには、キャッチからはじく処理に切り替え、

図23

通常のオーバーハンドキャッチ
判断に迷う位置に
ボールがきた場合
姿勢を低くし、
オーバーハンドで手を出す。
大武ユキ

意図的にシュートコースを変えればいい。これはファンブルとは違います。

そういう柔軟な判断は、オーバーハンドのほうがしやすいです。アンダーハンドの場合はボールをはじくのが難しく、基本的にはキャッチかブロックしかできません。もちろん、グラウンダーレベルのボールは、アンダーハンドで行けばいいですが、微妙な高さで迷ったときはオーバーハンドで行くと、状況判断を整理しておけば、試合の中で迷わずに済みます。

ステップの種類

アクションの技術的な要素として、手の出し方だけでなく、足の出し方、つまりステップの踏み方も重要です。

ステップの種類は、足をそのまま横へ動かすサイドステップのほかに、半身になって足を交差しながら動くクロスステップがあります（図24）。クロスステップは移動のスピードが速いのが特徴。サイドステップなら3歩で行くところを、クロスステップは2歩で行くことができます。さらに移動した足でそのまま踏み切り、スムーズにジャンプできるため、スピード面の利点は大きくなります。たとえば、頭上を越えるループシュートを打たれたとき、あるいはクロスが逆サイドへ飛んだときなど、クロスステップなら長い距離を素早く移動することが可能です。

このクロスステップには、高重心の構えが適しています。一方、中重心で身体を少し縮めた体勢からクロスステップで移動するのは、すごく難しい。高重心だからこそ可能なステップの技術です。

ただし、クロスステップの短所は、足を交差するときにバランスを崩しやすいこと。さらにボールに対して身体が横向きになるため、目線が離れやすく、不安定な面もあります。そのため、移動のスピードは

図24　サイドステップ（上）とクロスステップ（下）

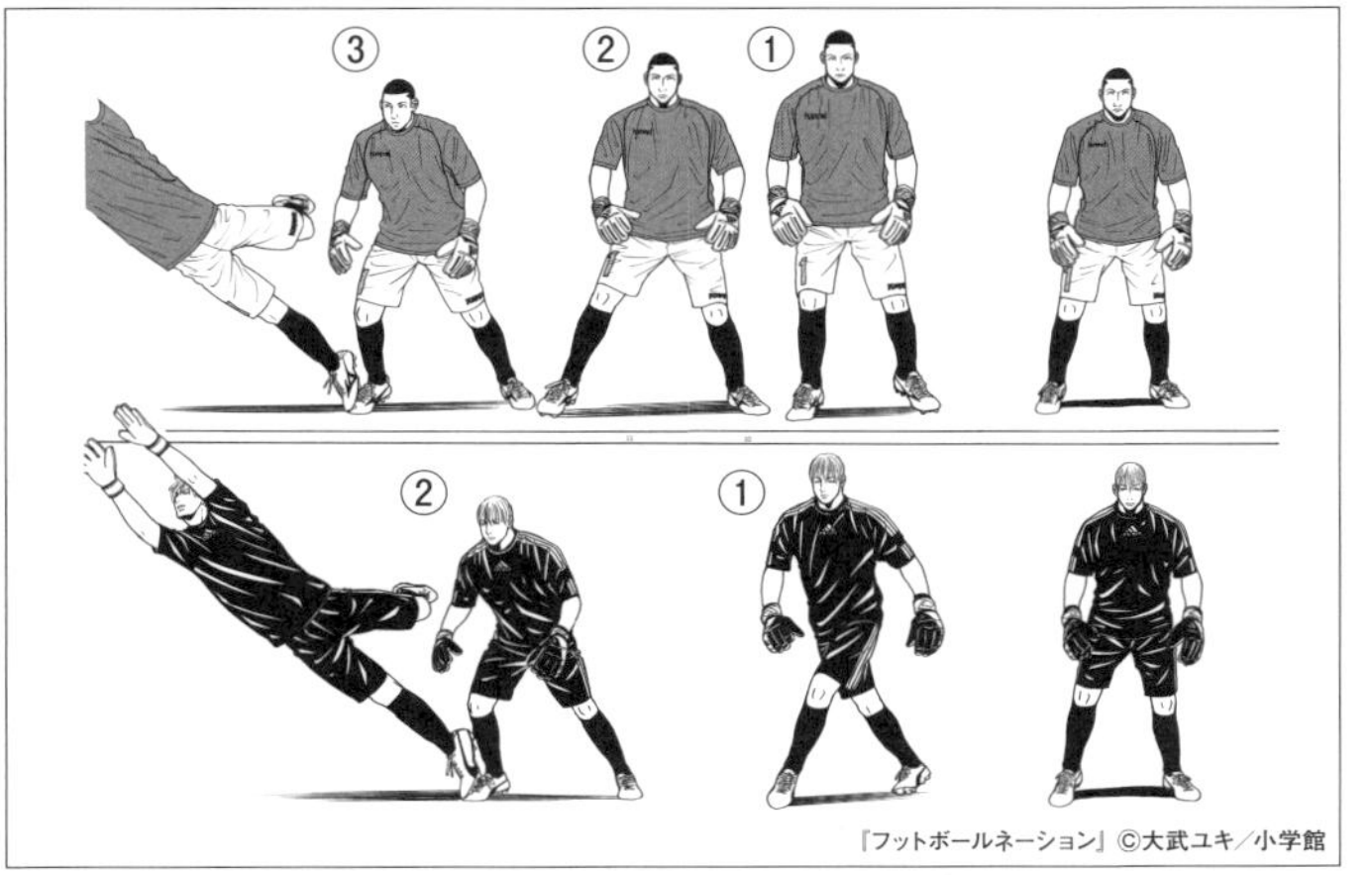

『フットボールネーション』©大武ユキ／小学館

速いですが、実はそれほど使用機会は多くありません。もちろん、クロスステップは重要な技術の一つであり、トレーニングは必要ですが、私はループシュートに対して後ろに下がりながらセービングする状況や、クロスへ飛び出す状況以外では、あまり積極的には推奨していません。

ゴールから20ｍくらい離れた直接フリーキックからのゴールの角ぎりぎりのシュートに対し、クロスステップでセービングに行けるＧＫもいるとは思いますし、特に身長が低いＧＫは、スピードで補うためにクロスステップが要求される傾向はあります。しかし、私の考えでは、セービングはサイドステップで行ける範囲であれば、サイドステップで行ってほしい。そのほうがボールに身体を向けたまま、真っすぐ身体を伸ばしきれるからです。クロスステップで移動中にバランスを崩すくらいなら、サイドステップで素早く重心移動し、ボールに対して真っすぐパワーを持ってアタックすることを推奨しています。

「順手」と「逆手」

そして、ステップに関連する技術的なポイントとして、セービング時の順手と逆手の違いがあります。左に来たボールに対して左手を出すのは「順手」、右手を出すのが「逆手」です。その使い分けを簡単に区切った図があります（図25）。

ポイントは順手と逆手、どちらのほうが遠くに伸びるのか。そして、ボールに触る瞬間に身体が伸び、パワーがしっかりと伝わるのはどちらか。

逆手で行くと身体から少し離れた高いゾーンに関しては比較的いけますが、遠くのゴールの隅の方に蹴られたシュートに関しては届きません（図26）。このギリギリの隅まで身体を伸ばすとしたら、順手のほうが伸びます（図27）。

さらに遠くて低いゾーンは、逆手で届い

図25

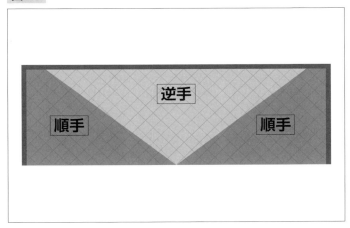

図26

『フットボールネーション』©大武ユキ／小学館

図27

『フットボールネーション』©大武ユキ／小学館

たとしても、身体がかなり回旋し、腕を上から下へ曲線でかぶせる形になってしまうので、パワーが真っすぐ伝わりません。ボールを強くはじけず、触ってもゴールに吸い込まれてしまいます。基本的に遠くのボールには順手で行ったほうが、身体と腕からパワーが一直線に伝わり、ボールにアタックできます。

よく見かけるのは、低いボールを逆手でセービングに行って、くるくると地面を転がるGKですね。逆手で真横に跳ぶと、どうしても身体が回旋するからです。悪いとは言いません、シュートを止めていれば。ただし、順手で行って身体を伸ばすほうが効率的なセービングとは言えると思います。

一方、逆手のほうが反応しやすいゾーンは、身体に近い範囲で頭よりも高いところですね。ここは順手だと行きづらいので、逆手でボールにアタックします（図28）。この位置は逆手で身体を伸ばしやすく、それほど回旋も起こりません。真っすぐボールにアタックできるので、強いシュートでも枠から外すことができます。ここは逆手が得意なゾーンです。

ステップとの関連で言えば、半身になったクロスステップからの逆手は、そのまま高い位置へ手を伸ばしやすいです。ループ気味のシュートに対して下がりながら、逆手を伸ばしてボールをはじき出す場面を想像してもらうといいかもしれません。逆にクロスステップから順手を伸ばすのは、踏み込む時にバランスを取るのが難しいですね。サイドステップからは順手と逆手、どちらも可能です。

もっとも、いろいろなセオリーがあるとはいえ、試合になればサイドステップだろうがクロスステップだろうが、順手だろうが逆手だろうが、関係ありません。これはGKのプレー全体に言えることですが、実際にゲーム中に意識してほしいことはどのようにしてもゴールを守ることです。その中でより早く、より力強く、ボールに行くこと、つまりできることならボールに対して「アタック」できるようにする。それを

図28

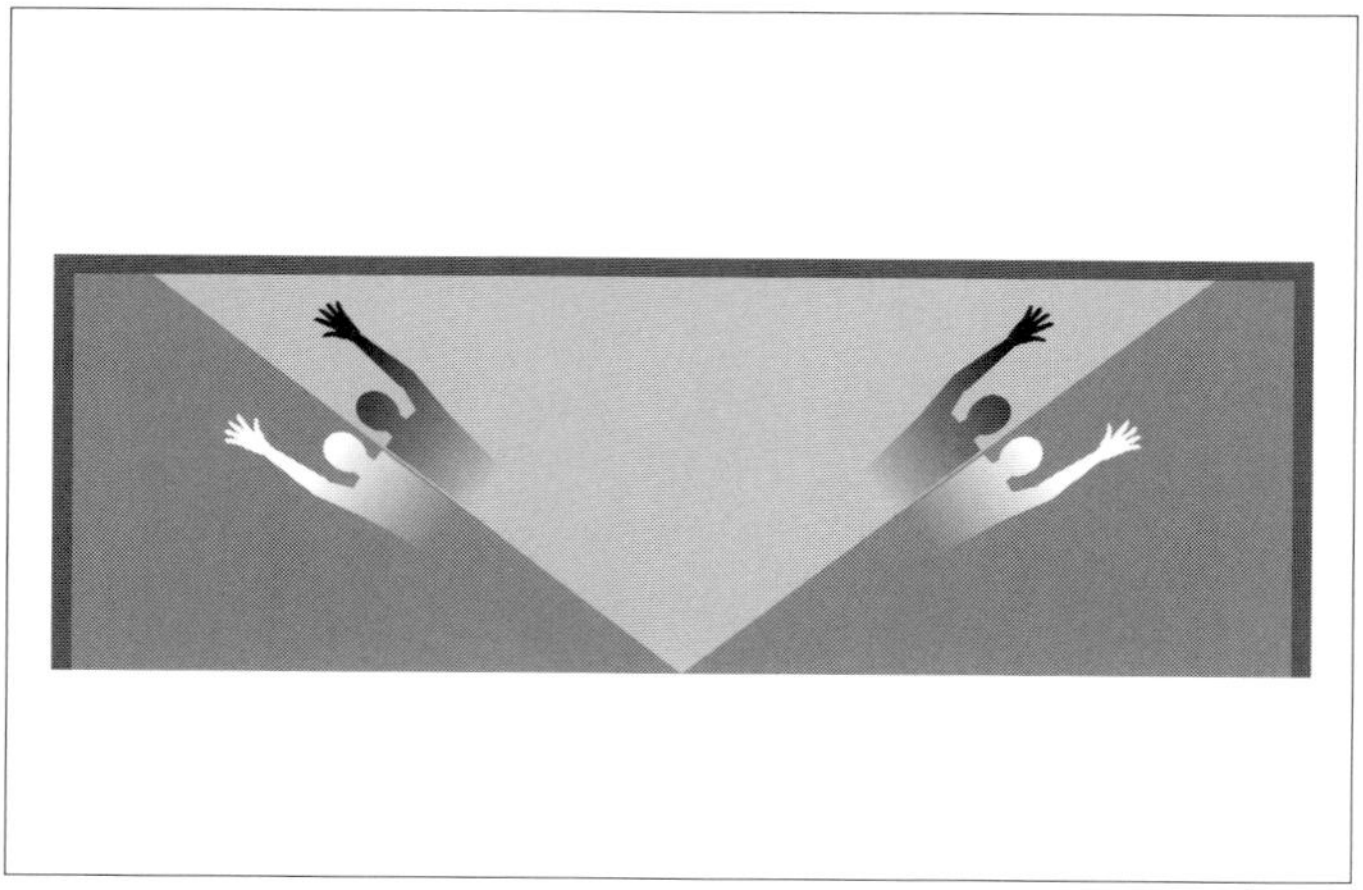

大事にしてほしい。ステップの踏み方、手の出し方、あるいはゾーン別のポジショニングなどは、プレーを整理するための理想であり、実際の試合ではいろいろなことが起こり得ます。

GKはリアクションの仕事ですが、ドイツや欧州のGKは、イニシアチブ（主導権）を取ろうとします。距離、角度、キッカーの状況などを見て、次に何が起こるのか予測する。その状況に対して、正しい動きを引き出さなければいけません。

そのためには、さまざまな対処法を整理し、オプションをたくさん持つこと。そして、試合中はその方法だけにこだわるのではなく、最終的にはゴールを決められないことがいちばん大事です。

第3章　スペースディフェンス・クロス対応

スペースディフェンス・クロス対応

　1章でも説明しましたが、GKのプレーは、ゴールディフェンス、スペースディフェンス、オフェンスアクションの3種類に分けられます。2章まではゴールディフェンスについて、ポジショニング、構え、プレ動作（準備からアプローチ）、ボールへの手の出し方（アタック）、ステップの踏み方などを解説しました。次はスペースディフェンスです。

　スペースディフェンスとは、クロスを防いだり、最終ラインの背後をカバーしたりするアクションのこと。ゴールに直接向かって来ないボールを、未然に防ぎます。最終的にGKに求められるのは失点を防ぐことですが、先にスペースを守ってしまえば、ゴールを守る必要はありません。

　2012－13シーズンのチャンピオンズリーグで取ったデータを見ると、GKのアクションの内訳は、ゴールディフェンスが8・2％、スペースディフェンスは25・4％ありました（P15・図1）。つまり、シュートを打たれる前に、未然に防ぐ機会はたくさんあるわけです。

ドイツのマヌエル・ノイアーはスペースディフェンスの重要性、新世代GKのプレースタイルを世に知らしめたGKですが、最近の傾向として、彼のようなプレーをするGKが多くなってきました。サッカーのレベルが上がれば上がるほど、GKにとっては「ノーチャンス」である精度の高いフィニッシュをする選手が増えます。その意味でも、相手がシュートを打つ前に攻撃の芽を摘み取るスペースディフェンスは、非常に大事なアクションです。

クロス対応のポジショニング

まずはクロスに対する場面で、どのようなスペースディフェンスを行うべきか？

スペースディフェンスもゴールディフェンスと同じく、準備→アプローチ→アクション→リカバーと、4つの行動を繰り返します。特にスペースディフェンスは「準備のスピード」が大事。正しい認知、予測、判断で「準備」し、素早くアプローチやアクションに移らなければいけません。

準備の一歩目は、正しいポジションを取ること。ゴールディフェンスのセービングと同じく、ポジショニングの基準は、ボールとゴールを結ぶ線上です。そしてGKはクロスに対して3つの危険なゾーンを意識します(図29)。第一にニアのゾーン、ここからシュートを打たれたら、GKにとっては非常に守りにくいゾーンになります。第二に、ペナルティスポット付近へのボール。ここから打たれるとゴールを守る範囲が広く、非常に対応がしづらいです。第三に、ファーへ越えてくるボールです。GKの頭を越えてファーサイドにクロスを入れられてシュートを打たれるとGKが大きくボールに振られることになり、対応にとても苦労します。GKはこの3つの『ゾーン1、ゾーン2、ゾーン3（ニア、センター、ファー）』を意識しながらポジションを取ります。

さらに周りの状況を加味します。ボール

図29

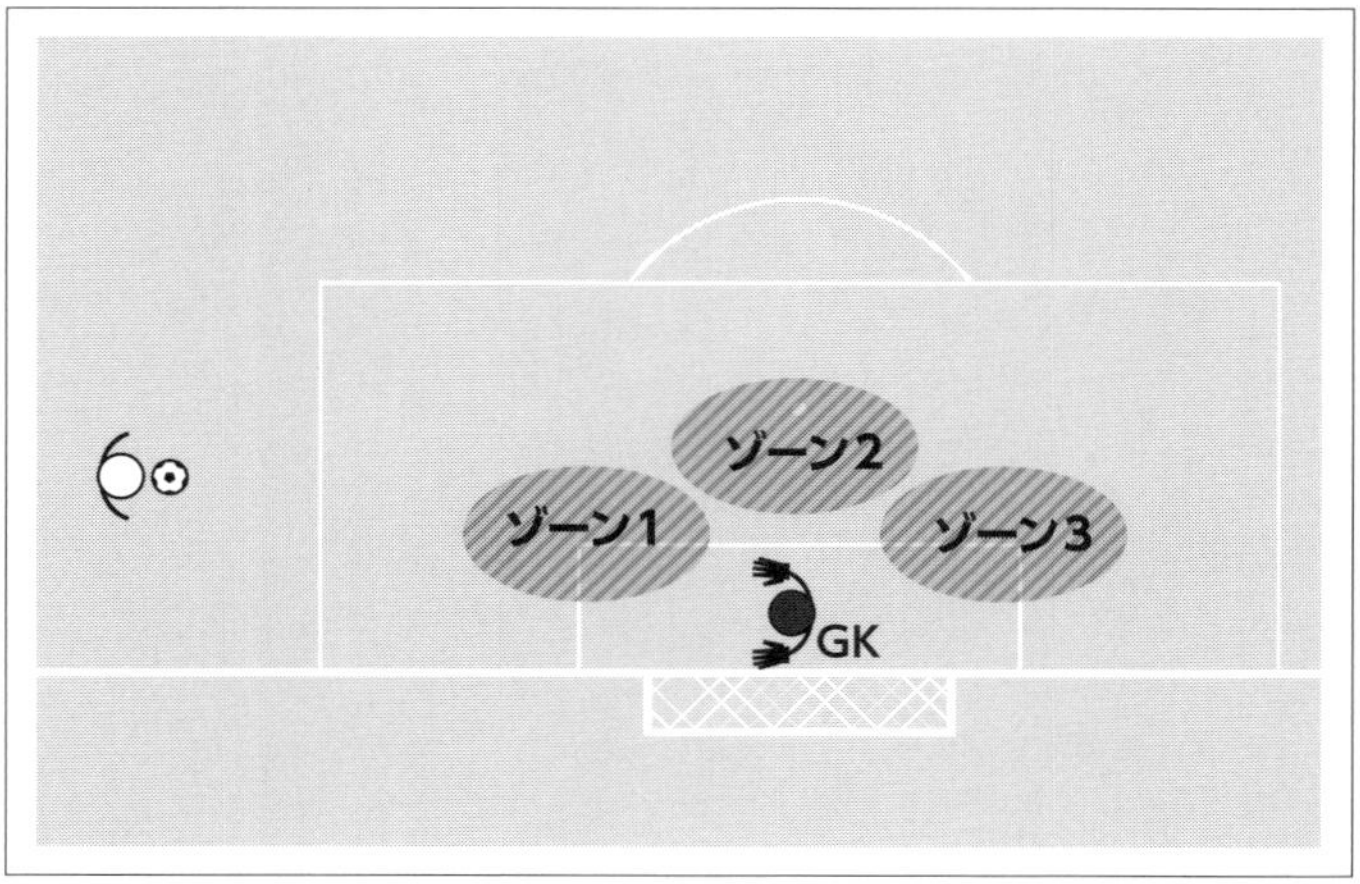

ホルダーへプレッシャーがかかっているのか。ボールホルダーの目線は上がっているのか。ペナルティーエリア内のどこに選手が走り込んでくるのか。クロスを上げる選手とエリア内の状況を見極め、正しいポジションを判断します。

昔の考え方では、GKはゴールライン付近に立つのが普通でした。しかし、今は以前よりも高い位置にポジションを取るGKが増えています（図30）。特に最近の欧州トップレベルのGKはアグレッシブなポジションを取ります。クロスを上げられる前に、ゴールエリアのラインくらいにポジションを設定するGKもいます。この辺りに立てば、昔ならかろうじて手が届くようなクロスを、正面でキャッチすることも可能です。GKの守備範囲が広がります。もちろん、それに伴うリスクも頭に入れて、シュートを打たれる危険があると判断したら、素早くゴールディフェンスに切り替えます。

以前のポジショニングの考えは、どのような状況においても、まずはゴールを守れる位置に立ち、クロスに行けるときは飛び出す、というイメージでした。ところが、現代の考え方では、状況に応じてクロスを捕るスペースに立ち、危険ならゴールに戻ってセービングします。つまり、昔はゴール→スペースの順。今はスペース→ゴールの順。全ての場面

図30

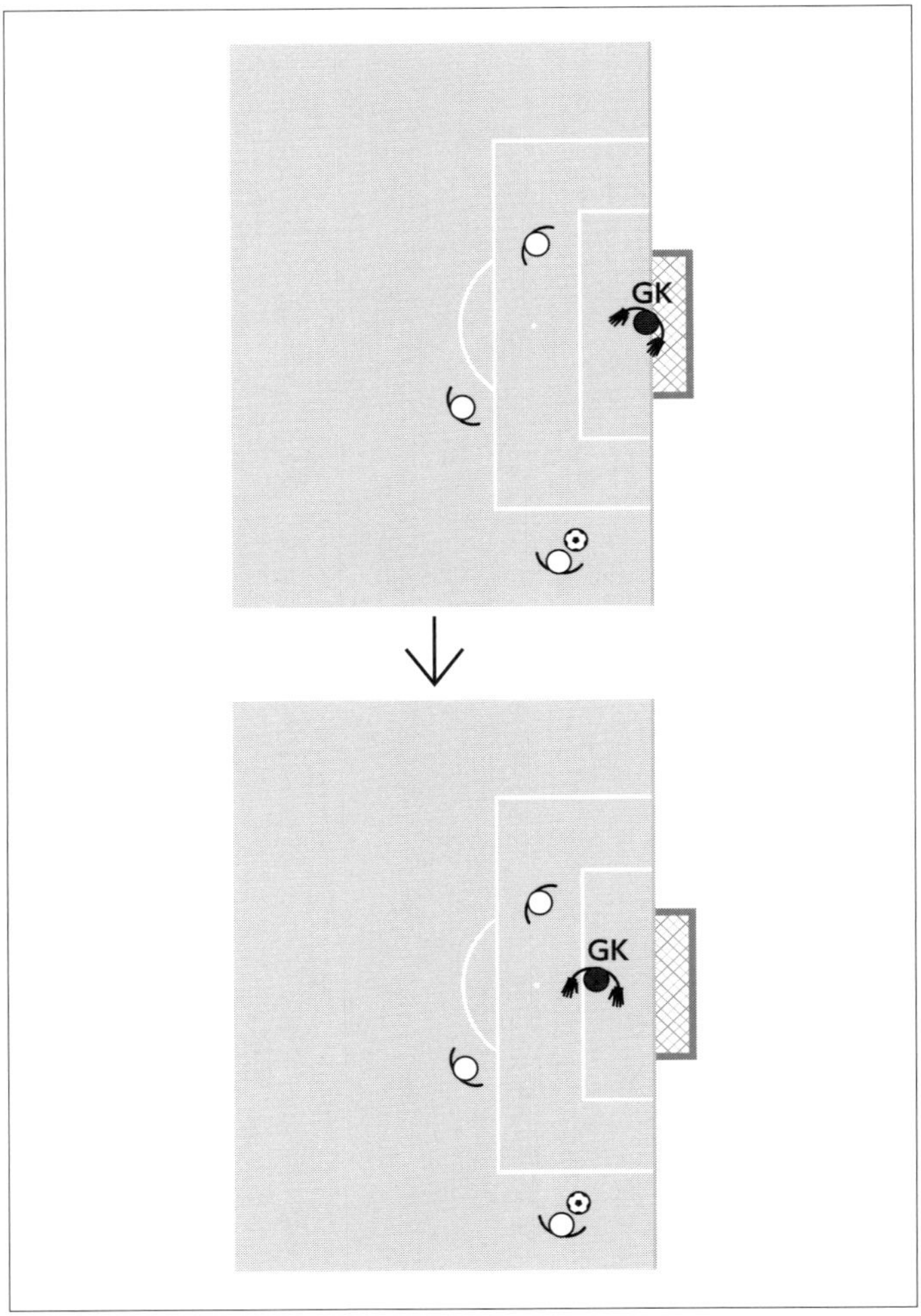

においてということではありませんが、多くのプレー場面においての判断の順序が、スペースを優先して守り始めるように変わってきました。以前よりもゴールを離れ、リスクを犯してスペースディフェンスに行けるＧＫが増えた印象です。

ホッフェンハイムのＧＫオリヴァー・バウマンや、バルセロナのテア・シュテーゲンは、そういうポジショニングがうまい選手です。クロッサーの様子を見て、シュートが無ければ、かなり高いポジションを取ります。日本では「ゴールを外した間違ったポジション」と言われそうなほど、攻撃的なスペースディフェンスを実践しています。現在、私が指導しているＦＣ岐阜のＧＫにもこの考え方は強調して伝えています。

ボールホルダーや、走り込んで来る相手の様子を見て、クロスと予測したら、蹴られた瞬間にバッと前に出る。言葉にすると簡単なことですが、実際にここまで積極的に行ける選手は少ないです。多くのＧＫはクロスの場面でボールを待っている印象を受けます。スペースディフェンスの意識は、日本と欧州のＧＫ像で、最も大きな違いを感じる部分でもあります。

クロスにも「アタック」の意識

クロスに対してアクションを起こすとき、私がいちばん大事にしているポイントがあります。それは早くボールに触る意識、つまりボールにアタックすることです。その重要性はゴールディフェンスに限らず、スペースディフェンスでも同様です。

日本では一般的に「いちばん高い位置で捕れ」と言われますが、高い位置で捕ろうとするGKは、ボールを点で捉えています。上がったボールに対し、自分の取りやすいタイミングを待ち、少し大回りしてポイントに入る。そして目の前に人がいたら、その人の後ろに回り込み、後ろから手を伸ばしてボールに触ろうとします。それは〝ノー〟です。ワンテンポ遅れるし、接触を避けて手先だけでキャッチングやパンチングに行くため、技術的なミスも起きやすい。練習ではGKコーチが蹴ったクロスを、いちばん高い位置でキャッチすると〝できた気〟になりますが、それはフリーだからできること。人がいると難しいです。

そうではなく、早く触れると判断したところへ、直線的に走り込むイメージを持ってほしい。そのルート上に人がいても、身体をぶつけて早くボールに触る。クロスに対し、点ではなく、面で捉えて遮断するイメージです（図31）。これも『アタック』の意識。欧州のＧＫは、そこに人がいても、自分の範囲だと思ったら直線的に入り、身体をぶつけて先にボールに触ります。それには体幹が強くないといけないし、身体のぶつけ方も知っていなければいけない。

なぜ、日本のＧＫは点で捕りに行くイメージで、回り込んでしまうＧＫが多いのか？　それは身体のぶつけ方を知らない、ぶつける練習をしないからです。私が日本で高校生のＧＫを指導したとき、ＧＫ同士で上げたボールに対して競り合わせ、選手

図31

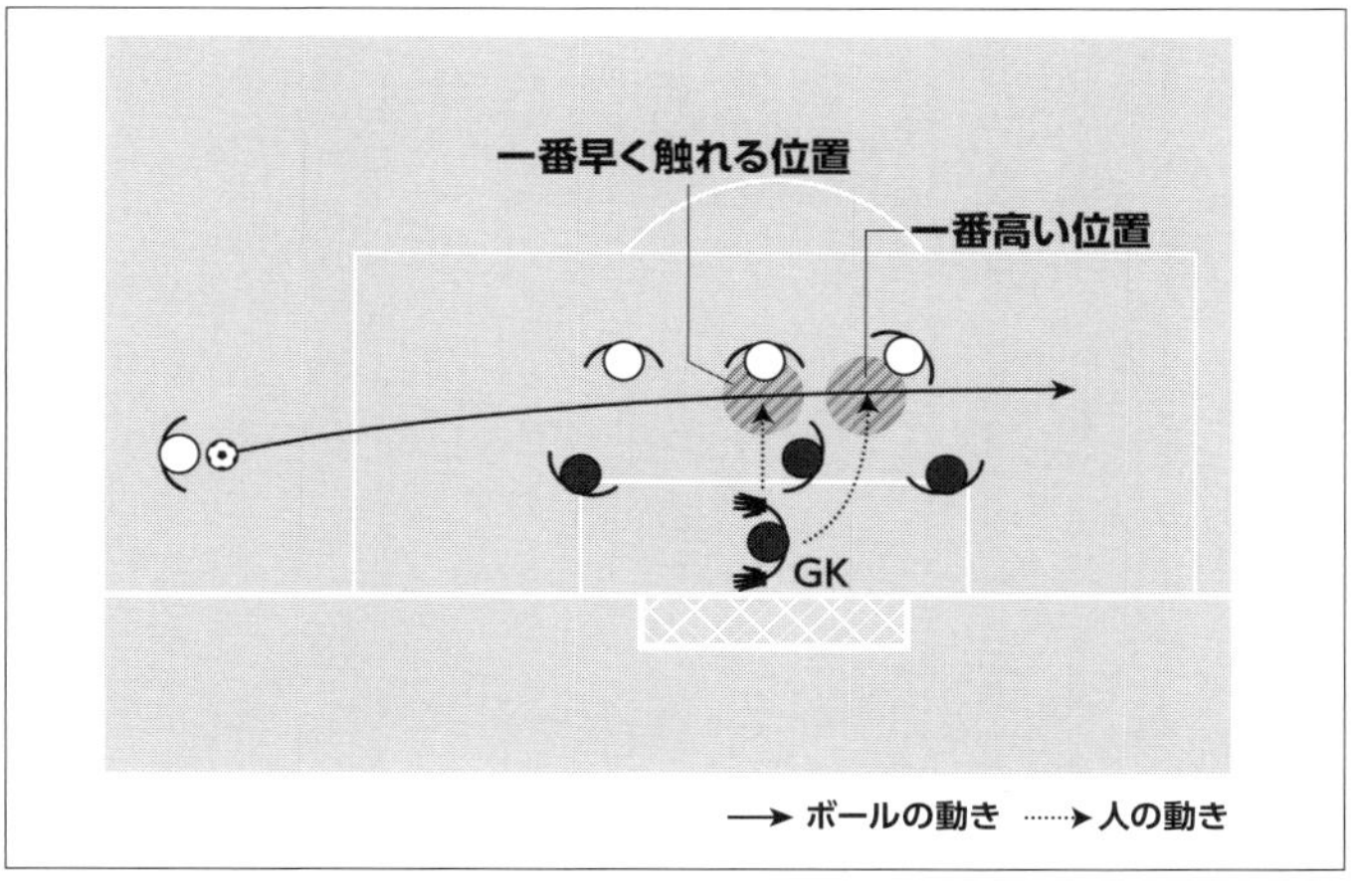

同士を思いっきりぶつからせましたが、日本でそういう練習をあまりしたことがなかったので、最初は驚かれました。日本では、「怪我をしてしまうから」ということで、このような練習をあまりしてこなかったのですが、これはゲーム中も必要なプレーなので、練習でやらなければ試合でもできません。

身体をぶつける練習はとても大事です。欧州で発売されているトレーニング道具に、ビニール人形のマネキンに取っ手が付いた道具があります。選手にクロスを蹴らせ、ＧＫコーチは人形を手に持ってＧＫにぶつかりに行く。そうするとＧＫは、こうやってぶつかれば相手の上に少し乗れる、この部分で当たればバランスを崩さずにボールにアタックできると、感覚をつかめます。日本では「ぶつかると身体のバランスが崩れてしまう」というイメージが強いと感じますが、そうではなく、身体のバランスを崩さずにぶつける感覚がわかるように、練習をしなければいけないということです。

また、相手にぶつかりながらアタックするときは、パンチングを推奨しています。キャッチできれば理想的ですが、相手を意識しながらキャッチに行く状況は、いちばんミスが起こりやすい。もし、そこでミスが起きると、ＧＫは出る判断を避けるようになります。これはプロも一緒です。そうやって消極的になってしまうくらいなら、割り切ってパンチングすればいい。まったく問題ありません。

はじく方向はゴール前を避けたサイドへはじくのが理想ですが、それが出来なくても、まずはボールに触りに行くこと。強くアタックして、ぶつかりながら大きくはじけばいい。そこで距離を稼ぎ、すぐに戻ってゴールディフェンスに切り替える。新しいシチュエーションとして考え、そのリカバーを早くすればいいわけです。そして、クロスに対して直線的に出る感覚が身に着いてきたなら、ボールをはじく方向にもこだわる。そこの順序を間違えてはいけません。

もし、大きくはじいたボールを、相手にダイレクトでロングシュートを決められたら、相手に拍手しましょう。危ないところにボールをこぼすのが怖いから行かない、というのはダメです。まずはシュートを打たれる前に、早く触ることが大事。大きくはじけなくても、クロスのコースを変えるとか、コーナーキックに逃れてもいい。状況を見て、出ないと判断するのはOKですが、恐れて行かないのはダメです。

私が考えるいちばん大きなミスとは、出るのか出ないのか、迷って結局何もしないこと。「かぶった」「出たのに触れなかった」と、そればかりを強く言いすぎると、スペースディフェンスが何もできないGKになってしまいます。それはいちばん大きなマイナスです。特に育成年代では、ボールにアタックする意識を強く伝え、失敗を経験させながらプレーを促したほうがいいですね。

私が2002年の日韓ワールドカップでいちばん印象に残り、いまだに覚えているのが、オリバー・カーンのプレーです。準決勝の韓国戦で相手のクロスがファーサイドに飛んで来たとき、カーンはクロスステップで移動してジャンプし、手先で後ろにはたいて、わざとコーナーキックにしました。その外側から、韓国の選手が走り込んでいたんですよね。パンチングは「なるべく外にはじけ」と言われますが、カーンはそこから相手が詰めて来ると思い、とっさに手の角度でクロスの軌道を変えて、コーナーキックを選択したわけです。もちろん、シュート性の強いクロスだったら、コントロールするのは難しいですが、緩めのクロスならそれでOKです。当時の私はそのプレーに深く感動しました。そのプレー以外にも、日韓大会を通してカーンは非常にアグレッシブで、さらに認知と判断にも優れたスペースディフェンスを実践していたと思います。

これは技術的なことですが、3つの危険なゾーンであるニア、センター、ファーに対して、どのようなステップで移動するのが望ましいのか。これも整理しておくべきポイントです。

まずはゾーン1（ニア）。GKの身体はクロッサー側を向いているので、ゾーン1はGKの正面になります。できるだけ早く、通常のダッシュで出て行きます。

ゾーン2（センター）は、クロッサーに対するGKの身体の向きからすると、斜め方向になります。ここをねらったボールに対しては、サイドステップ、もしくはクロスステップを使用します。距離が遠ければ、クロスステップが入るかもしれません。ただし、サイドステップのほうが身体は安定するので、使えるのであればサイドステップがベターです。

そして、ゾーン3（ファー）。ここはクロスステップが主体になります。ファーに上がったクロスに対し、ターンして身体を開き、サイドステップで行くのはすごく難しい。実際にやってもらうとわかりますが、クロスステップは右側へ移動しながらジャンプするとき、左足で踏み切ります。そうすると空中では右足で相手をブロックしながら、ボールに行くことが可能です。サイドステップの場合は、右足で踏み切って跳ぶので、相手をブロックできません。また、跳びながら身体が倒れ、バランスが崩れやすいので、キャッチは難しく、サイドステップで行くと、はじくことしかできないケースが多いでしょう。もしもクロスが高く、かなり時間があれば、サイドステップで行って最後の一歩だけをクロスステップに変えて左足でジャンプすれば良いと思いますが、サイドステップのままで行くと、左足で踏み切りづらいのが最大の難点です。ゾーン3はクロスステップのほうが、移動からジャンプ、右足でブロックする安定した姿勢まで含めて、勢いを持ってボールに向かうことができます。

ただし、このような理想のステップはありますが、あくまでも整理の部分です。試合になってしまえば、何ステップでも関係ありません。いちばん大事なのは、早くボールに触ること＝アタックすること。これは常に意識してほしいです。

認知と判断

少し異なる状況として、自陣サイドの深い位置からゴール前にクロスが入ってくる場合のポジショニングを考えてみましょう。

同じ高さでも、ボールホルダーがサイドの外側にいる場面と、内側にいる場面は違います。この2つの場面で、GKが守るべきスペースはどこか？

外側を崩されたときは、GKは中央のスペースに立ちます（図32）。3つの危険なゾーンを意識して、どこにでも行ける体勢を取ります。その一方、より内側に侵入された状況では、GKが優先して守るべきスペースはニアサイドです。このニアに相手が飛び込んで来るクロスは、GKがいちばん関与できるボール。この位置に立って、さらにセンターへのクロスに対しても、サイドステップしてセービングする。ゴールが背中側にあるようなイメージで、ゴール前のスペースをGKが支配するわけです（図33）。

このときゴールポスト際ではなく、もう一歩ゴールエリアのラインに近づくポジションを取ることも可能です。ポスト際にシュートを打たれたとしても、足を伸ばして反応すれば届きます。もし、そのリスク

図32

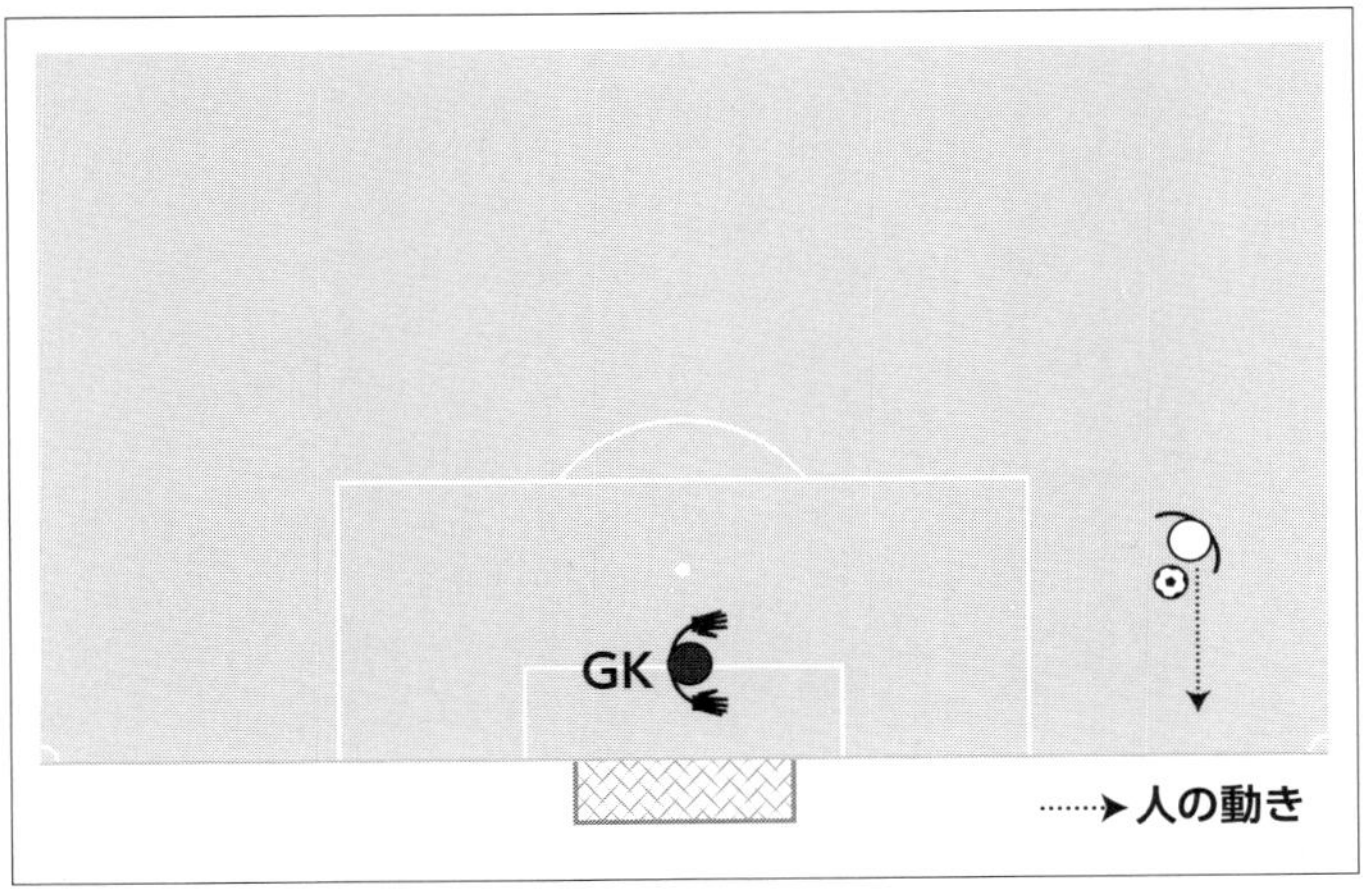

を避けたいのなら、クロッサーの目線が下がった瞬間にポジションを移してもいい。これは認知と判断の部分です。相手の状況を把握し、ポジションを調整する。シュートの可能性を考えつつ、できるだけＧＫが関与できるスペースを広げることが大切です。

　一方、この状況で失点の危険が残るのは、大きく2つのケース。ペナルティーマーク辺りへの速いボールか、あるいはＧＫの頭上を越えてファーをねらったロビングです。チップロビングされた場合、ＧＫが驚異的なクロスステップで間に合えばいいですが、ほぼ不可能でしょう。では、それに備えて、ロビングに対応できるポジショ

図33

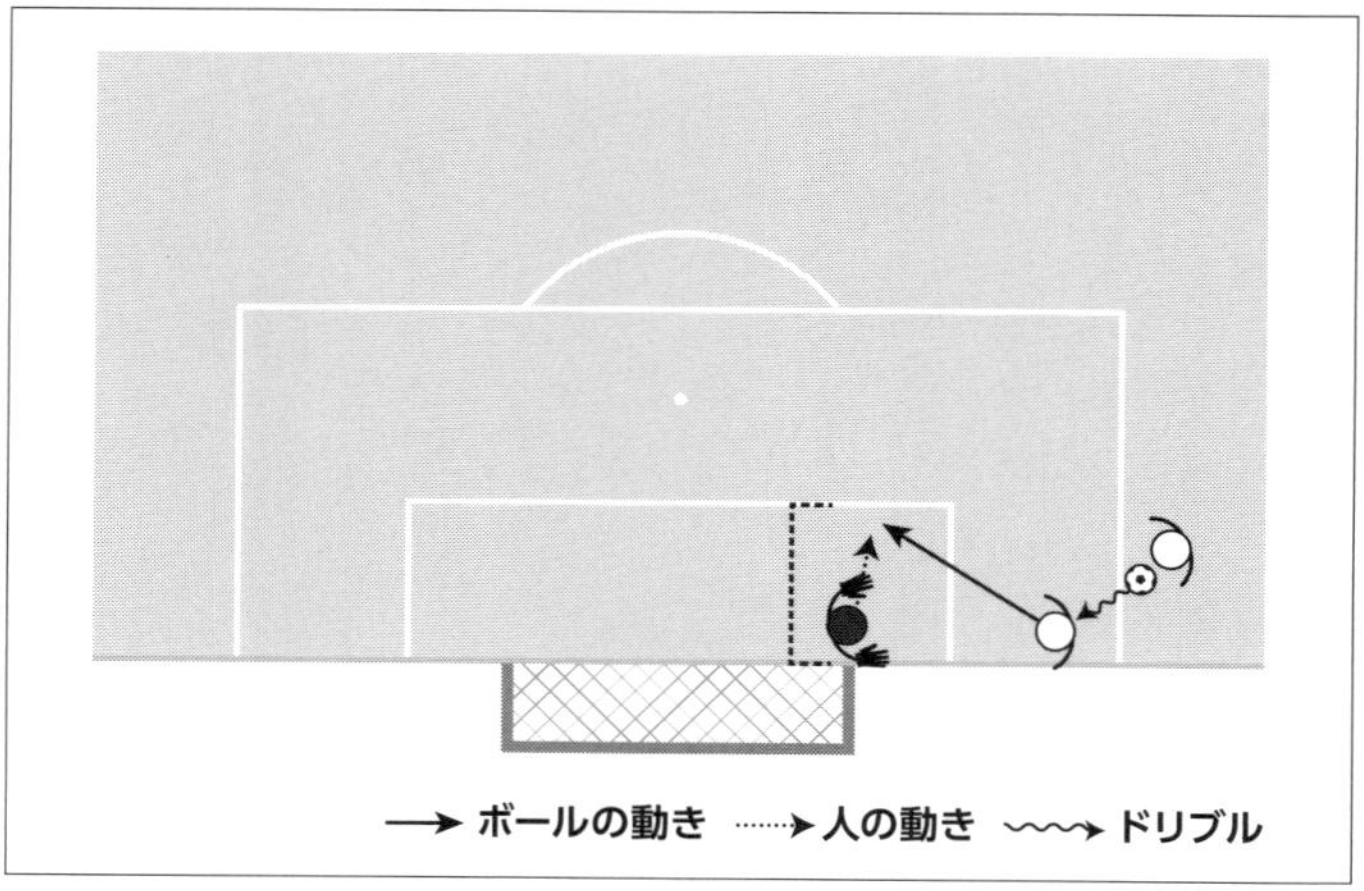

ンをあらかじめ取るのか？　それは違います。それ以上に失点の危険が大きいのはニアやセンターですから、いちばん可能性が高いスペースを優先して潰すべきです。

　ではロビングされたら、どうするのか？　味方ＤＦのカバーリングを期待するほかに、ＧＫがやるべきことは、ゴールディフェンスへの切り替えです。ふわっとボールが上がっているうちに、素早くゴールに戻り、セービングを行います。

　このとき大切なポイントは、〝斜めに戻る〟ことです（図34）。フィールドプレーヤーがシュートブロックするときのスライディングの方向等にも通じることですが、ボールに真っすぐ行っても間に合わないと

図34

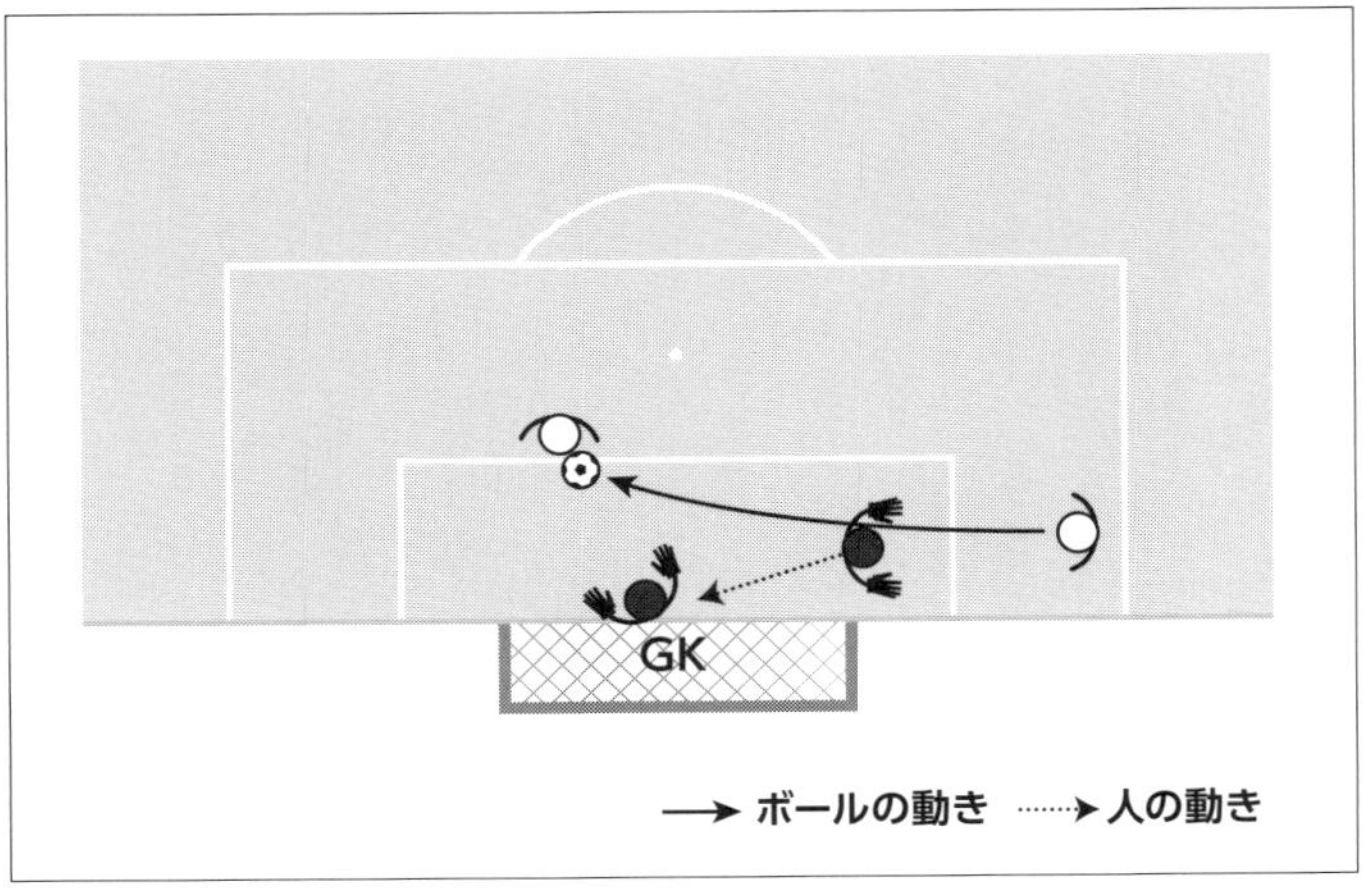

き、ゴールとボールの間に斜めに戻ってコースに身体を投げ出したほうが、ブロックする〝間〟ができます。スペーススディフェンスからゴールディフェンスの切り替えでも同様で、ボールに釣られてボールに行ってしまうと、おそらく間に合わない。もちろん、クロスのスピードが遅くて、アタックが間に合うのなら良いですが、それが無理なら斜めに戻り、コースに入ったほうが防ぐ可能性は高くなります。

瞬時に判断してポジションを取るためには、このようなリアクションを整理しておき、自分のイニシアチブで守ることが大切です。

ディフェンスライン背後のスペースディフェンス

クロスの次は、ディフェンスラインの背後の守り方です。スルーパスに対しては、どのようにスペースを守るべきか?

ポジショニングの簡単な目安ですが、私はディフェンスラインから25mくらい後ろに設定しています。ラインがハーフウェイまで上がっているシーンでは、ペナルティーアークの少し前に立ちます。日本の一般的なＧＫと比べると、かなり高いほうだと思います。基本的に試合になると、GKはリスクを考えて少し下がり、30mくらいになってしまいますが、目安として与えるのは25mです。私が指導するときは、「なるべくスペースカバーの意識を持ってほしい。ラインから25m以内を保ってほしい」と伝えます。

ただし、あくまでも目安なので、周りの状況も加味します。どちらのチームがボールを持っているのか。相手チームのスタイルはどのようなものか。ボールホルダーはキックのうまい選手か。ゴールをちらちら見ているか。プレッシャーはかかっているのか。FWの飛び出しがあるのか。

つまり、ロングシュートを打たれる危険と、飛び出すことの利益があるかどうかですね。そのような要素によって、GKのポジションの高さは変わります。

重要なことは、クロス対応と一緒です。スペース↓ゴールの順番で守る。ボールを奪われた瞬間、すぐに下がるのではなく、状況を見極めてギリギリまで我慢する。シュートを打たれる危険があれば、ゴールディフェンスに間に合う位置に下がる。そして飛び出せると判断したら、できるだけ早くボールに触る＝アタックする。これも同じですね。

スルーパスに対して、出るか出ないかの判断で大切なポイントは、ゴールに向かってくるボールと、外に流れていくボールを見極めること（図35）。ゴールに向かうボールは、D

Ｆが相手と並走する形になり、追いつけないかもしれない。その場合、ＧＫもシュート角度が広い状況で守らなければいけません。だとしたらスペースディフェンスで、相手に抜け出されないように、自分から前に行って未然に防ぐほうが有利かもしれない。

逆に外に流れるボールだったら、飛び出した相手がワンタッチでゴールに向かって来ても、角度がなく、戻ってきたＤＦが間に入る時間もあります。もちろん、１００％の自信を持ってボールに触れるのならＧＫが飛び出してもいいですが、60～70％なら、下がったほうが安定して守れるかもしれない。

図35

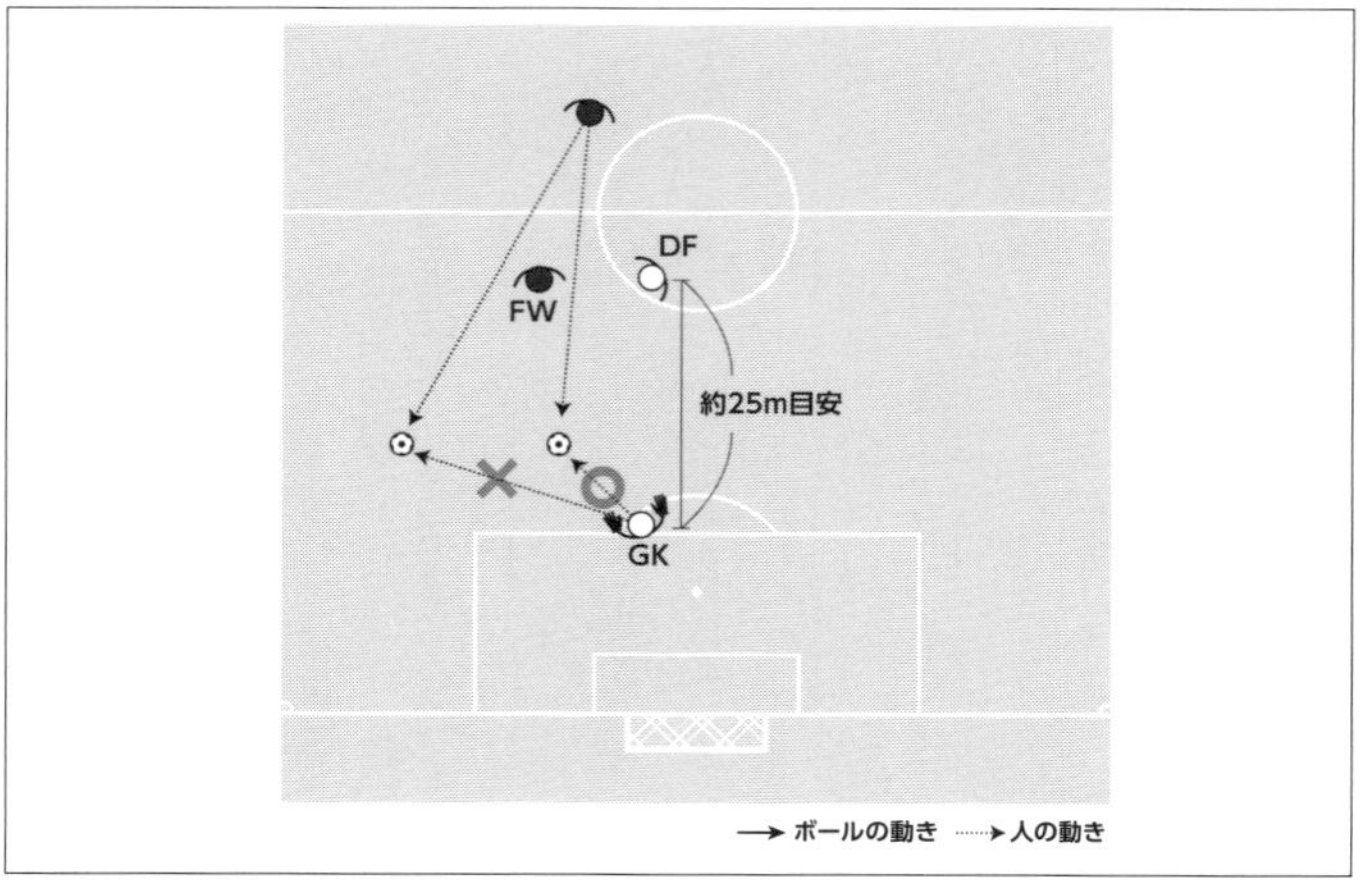

このような判断の基準を整理できているかどうか。それが大切です。ただ単に「ボールに行け」ではなく、どういうスルーパスが来るのか、味方のDFがどのように戻って来ているのか、自分がその後のプレーで守るチャンスがどれだけあるのか。それを素早く見極めるには、最初から状況を整理しておくことが不可欠です。

現代サッカーは昔に比べるとハイプレスが多く、コンパクトなサッカーになっているので、GKがディフェンスラインの裏をケアする必要性が高まっています。さらにビルドアップ時もGKがサポートし、ポジションを取り続けなければいけません。その結果、GKの走行距離が増える傾向になっています。欧州主要リーグ別の2015-16シーズンのデータによると、ブンデスリーガのGKの走行距離が1試合平均で約5・5キロ。いちばん走っています。逆に、リーガ・エスパニョーラは4・9キロでいちばん少ない。ハイスピードやスプリントなど、走りに関するすべてのカテゴリで、ブンデスリーガのGKがいちばん多いというデータがあります。近年はスペースカバーの意識が強く、ビルドアップへの関わりが大きいGKが増えてきた印象です。

私は指導するGKに対し、自分たちのディフェンスラインの裏を積極的にケアする場合に、「相手がスーパーなシュートを打ってきて入ったらしょうがない」と伝えます。それがばかりを心配すると、アクションを起こせなくなり、防げるシーンが大きく減ってしまうからです。ただし、GKが頭上を越されてはいけないのは前提なので、スルーパスかシュートか、フィフティ・フィフティで自信がないときは「下がれ」と言います。でも、予測をする中でスルーパスが7割、シュートが3割だったら、スペースを埋めることを意識して、下がらずにポジションを保ってもいい。そこで相手が意表を突いて3割しかないシュートを選択し、なおかつ質も良いシュートが入ってしまったら、相手を褒めるしかないと。

このような指針はチームの戦術によっても違います。たとえば、チームによってはシュートを打たれそうだったら、フィールドプレーヤーが寄せて、自陣の深くにコントロールされたロングキックを蹴らせず、GKにできるだけ高いポジションを保たせるクラブもあります。GKは監督が求めるサッカーに合うタイプが必要です。日本代表のハリルホジッチ前監督だったら、強いアタックの意識で存在感を持ってゴールを守る川島永嗣選手。マンチェスター・シティのジョゼップ・グアルディオラ監督なら、ビルドアップとスペースディフェンスを求めるので、それに合うGKとしてエデルソン・モラレスを獲得しています。

チームとしても、GKがスペースに出るプレーを理解しなければいけません。GKがゴールを離れて前に出るのなら、DFはゴールに下がる必要があります。もしくは、GKが相手ボールに対して積極的なプレーを選択してボールを奪えそうになったら、周りのDFはすぐに守備から攻撃に切り替えて、サポートできるポジションを取らなければいけません。これらはチーム戦術で連係を取る必要があります。GKは特殊なポジションですが、やはり11人の一員です。うちのGKがこういう守り方をすると、フィールドプレーヤーも理解して、それに連動してプレーしなければいけない。

それを決めるのは監督の仕事です。GKに求められる能力は、現代サッカーのトレンドもありますが、監督が求めるものに左右されます。「どんどんスペースに行け」と言う監督もいれば、「出てミスをするぐらいならゴール前で待っててくれればいい」と言う監督もいるでしょう。GKコーチは、監督と密にコミュニケーションを取り、GK練習の内容をチームコンセプトにフィットさせなければいけません。

スペースディフェンスのミスが多い理由

1章ではGK全体のプレー機会として、スペースディフェンスは25・4%あると説明しました。それだけピンチを未然に防ぐ機会がたくさんあるわけですが、しかし、いちばんミスが起こりやすいのもスペースディフェンスです。たとえばクロスに対してかぶったり、スルーパスに出て行って触れなかったり。ゴールディフェンスほど直接的には失点につながらず、DFがカバーするなど、失点を避けられるケースはありますが、実際にミスが多いのは確かです。

なぜ、そうなってしまうのか？　ゴールディフェンスよりも、スペースディフェンスのほうが、プレーする前に処理しなければいけない判断材料が多いのは一つの要因でしょう。それに加えて、GK練習だけではスペースディフェンスの状況すべてをオーガナイズしきれないこと。これも大きな要因です。

私はGK練習をカテゴリ1から3に分けて考えています（図36）。カテゴリ1はラーニング。技術を学んだり、頭の整理をしたりする場です。GKとGKコーチだけで行います。

カテゴリ2はプラクティス。フィールドプレーヤーを加えて、ゴール前の3対3や、クロスに対する状況など、カテゴリ1で学んだ動きを実戦に近い中で使ってみる。そしてカテゴリ3はゲーム。8対8、あるいは11対11など、選手、監督、コーチが全員で行います。スペースディフェンスは、カテゴリ3の練習が特に大事になります。

GKコーチがクロスを蹴り、キャッチする練習もいいですが、カテゴリ1の練習は、プロや高校生レベル、もしくは中学生レベルでも必要性が薄くなってきます。では何が必要かと言えば、敵がいる中で、どのコース取りをして、どこに入るのか。キャッチするのか、はじくのか。サポートしてくれ

図36　GK練習カテゴリ

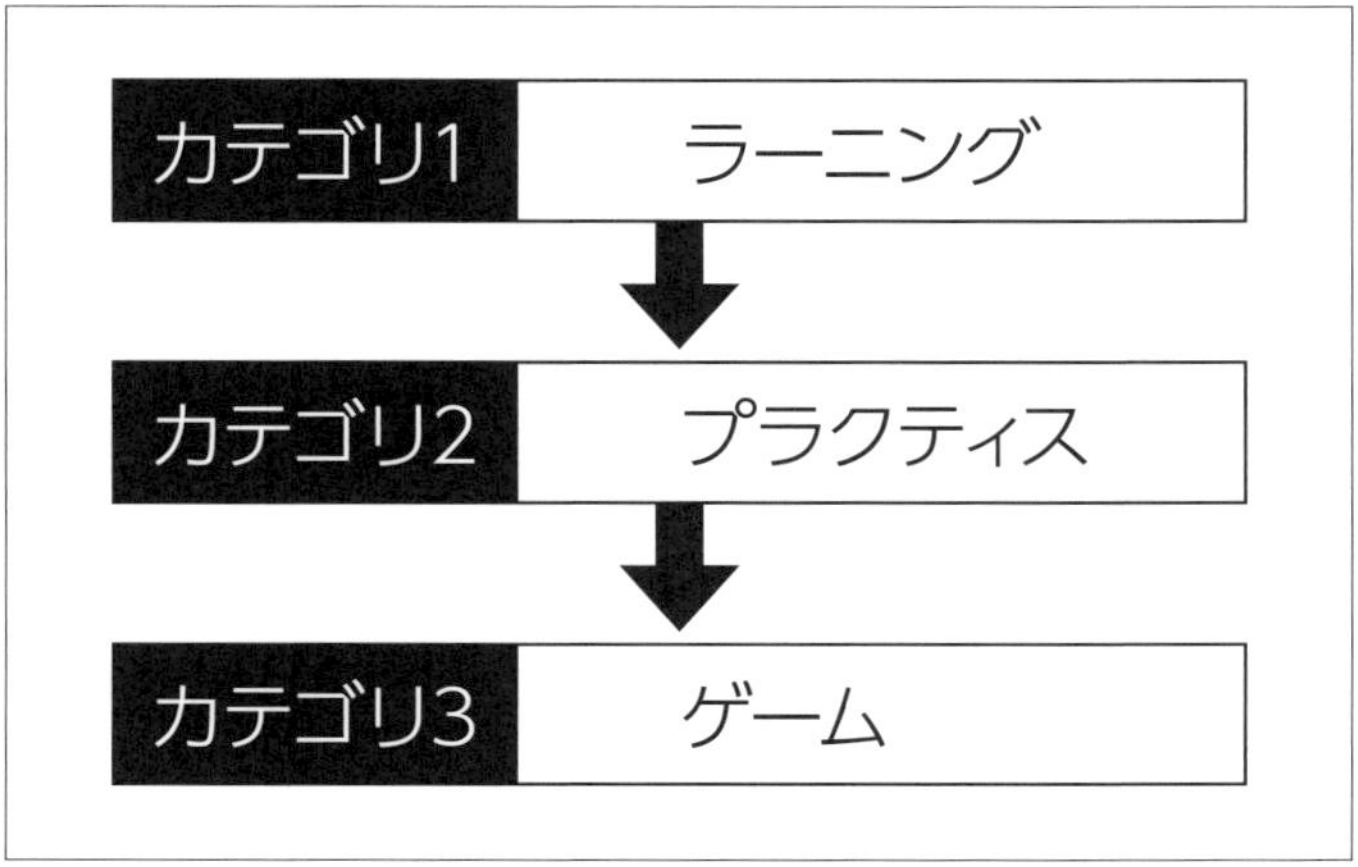

る味方ＤＦはいるのか。また、ＧＫがボールを奪ったら、すぐに攻撃に切り替えなければいけない。これらをゲーム形式の練習の中で判断し、プレーすること。それが大事です。

ところが、現実的にはそういう練習をなかなか増やせないから、スペースディフェンスは失敗が多いわけです。判断基準をどのようにするのか、監督ともコミュニケーションを取らなければいけないし、ＧＫコーチも、ＧＫとの練習だけではなく、チーム練習の中でどうやってＧＫを指導できるか。ゲーム中のプレーを分析し、ＧＫにフィードバックしなければいけない。これがとても大きな仕事です。その点が近年はどんどん変わってきたのかなと思います。

以前、ドイツで行われた勉強会で、チェルシーのＧＫコーチに、ティボ・クルトワのプレーを見せてもらいました。当時のチェルシーは、クルトワに対してかなり高いポジションを要求していました。クルトワも周りを見て、シュートを打たれない状況、かつＦＷが飛び出してくる状況では、ゴールエリアどころか、ペナルティーエリアのライン辺りに立ち、飛び出してクリアする。かなりアグレッシブな守り方をしていました。

２０１５年のプレミアリーグで、ストーク・シティとの試合がありました。相手はキック&ラッシュのチーム。チェルシーはラインを上げて積極的な守備をしていたので、GKが裏のボールをケアするのが大事だと、GKコーチとクルトワは試合前に話していました。しかし、そこで何が起こったか。クルトワの高いポジショニングが裏目に出て、相手にハーフェイラインから打たれて入ってしまったんです（図37）。

（前半44分、ストークのMFチャーリー・アダムが60mのロングシュートを決めた）

クルトワがどんなポジションを取るのか、相手も研究しますからね。

もちろん、これは〝防がなければいけないミス〟ですが、チームとしては〝戦術上、起こり得るミス〟だと考える面もありま

図37

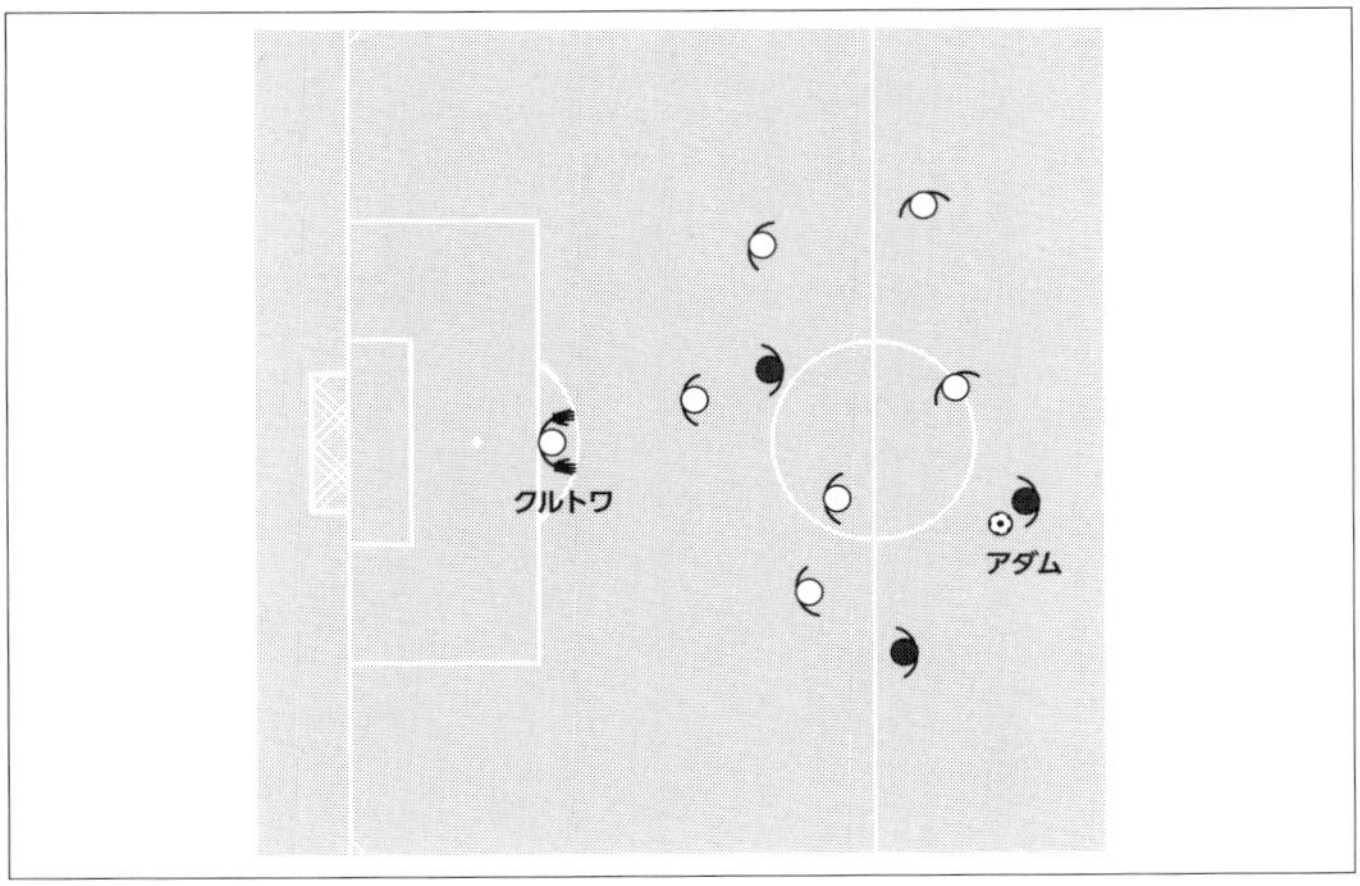

す。この場面、クルトワはペナルティーエリアの外に出ており、最終ラインとの距離は25mよりも短いくらいでした。キック&ラッシュのチームに対し、前からプレッシャーをかけ、背後はGKが守ることになっていたからです。

ここで判断すべき要素は、この打たれる瞬間にボールホルダーにプレッシャーがかかっていなかったこと。敵陣でボールを奪われたとき、チェルシーは全員が下がってしまい、ボールホルダーがフリーでした。さらに相手FWの飛び出しに対し、DFが2人残っています。GKが出なくてもOKかもしれない。そういう状況を、クルトワが見えていたかどうかです。ボールを奪われた瞬間と、シュートを打たれた瞬間を見比べると、クルトワのポジションはほぼ変わっていません。高いポジションに残ることが得策ではないと判断できれば、ポジションを下げていたはずですが、クルトワはその状況を認知し、判断することができませんでした。

ただし、同じシーズンの後期に同じ対戦があったとき、クルトワは同じような場面で相手にシュートを打たせませんでした。味方のプレッシャーがかからなかったため、シュートが来るとわかった場面で、クルトワが下がっているからです。これが大切なこと。もしかしたらシーズン中に1回や2回は起こるかもしれないミスですが、同じ状況があったとき、それを直せるかどうか。攻撃的なポジションを取りつつ、ミスを経験したことで、判断が一つ生まれてくる。これはカテゴリ1のＧＫ練習では学べません。カテゴリ3、つまりゲームでやっていくしかない。

このようなミスは、すごくわかりやすいので、メディアは大きく取り沙汰します。あの試合はチェルシーが勝ちましたが、もし、負けていたら、クルトワの軽率なミスと叩かれたかもしれません。しかし、それを聞いてしまうと、このようなスペースディフェンスのやり方が無くなってしまいます。ゲームを通して向上するしかない点について、チームが方針を持って、どこまで我慢し、ミスを許容しつつ修正できるか。それが大事です。

スペースディフェンスの習得は、マニュアル車の運転を習得することと同じです。初心者は教習所内ではできるかもしれないけど、公道に出たら、まったく違う状況になる。何も考えずに、クラッチを踏みながらシフトチェンジし、ミラーを見て車線変更したり、自然に追い越しやバックをしたりできるか。その動きに慣れるまでのフィードバックを、ＧＫに与えるのがＧＫコーチの仕事です。スペースディフェンスでは特に大事なことだと思います。

第4章　ディストリビューション（配球）

ディストリビューション（配球）

ディストリビューションの優先順位

オフェンスのアクションは、パス＆サポートとディストリビューションに分けられます。パス＆サポートとは、チームのビルドアップに参加するためにポジションを取ったり、パスを受けてさばいたりすること。一方、ディストリビューションとは、ボールを手に持ち、パントキックやスローイングで配球することを指します。

ディストリビューションは、ＧＫがボールを手に持ったとき、つまり守備から攻撃に切り替わる瞬間にスタートします。特にスペースディフェンスでボールをキャッチした後は、間違いなく重要性の高いプレーです。クロスにしろ、スルーパスにしろ、相手が勢いを持って前に出てきた瞬間、ボールを奪うことができれば、入れ替わって裏を取りやすい。たとえば、マンチェスター・シティのGKエデルソン・モラレスは、スペースディフェンスで奪ったボールを素早く展開し、カウンターの起点になっています。

一方、ゴールディフェンスでシュートをキャッチしても、相手はポジションを押し上げ切った後なので、すぐに自陣に戻る方向に矢印が入ってしまい、なかなかカウンターを仕掛けられません。スペースディフェンスは、ピンチを未然に防ぐだけではなく、カウンター機会の創出という意味でもメリットが大きいのです。

ディストリビューションはどこをねらうべきか。その優先順位をゾーンごとに区切った基準があります（図38）。当たり前ですが、ゾーン6、5をねらうことができればベストです。その次はゾーン4、3、2、1という順番になります。

GKは攻撃開始の原則というものがあり、ビルドアップをどのようなスピードで始めるべきかを判断します。たとえば、相手のオーガナイズが崩れているときは、リスクを冒してでも前に行きます。ゾーン6への長い距離のボールは、GKにとっても技術的にコントロールしづらく、失敗のリスクはありますが、ある程度のスペースがあれば、優先的にねらいたいところです。GKがボールを持った瞬間、味方プレーヤーがゾーン6をねらって動き出していれば、積極的にパスを出してもいいでしょう。また、ゾーン5の場合、GK

図38　ディストリビューションの優先順位

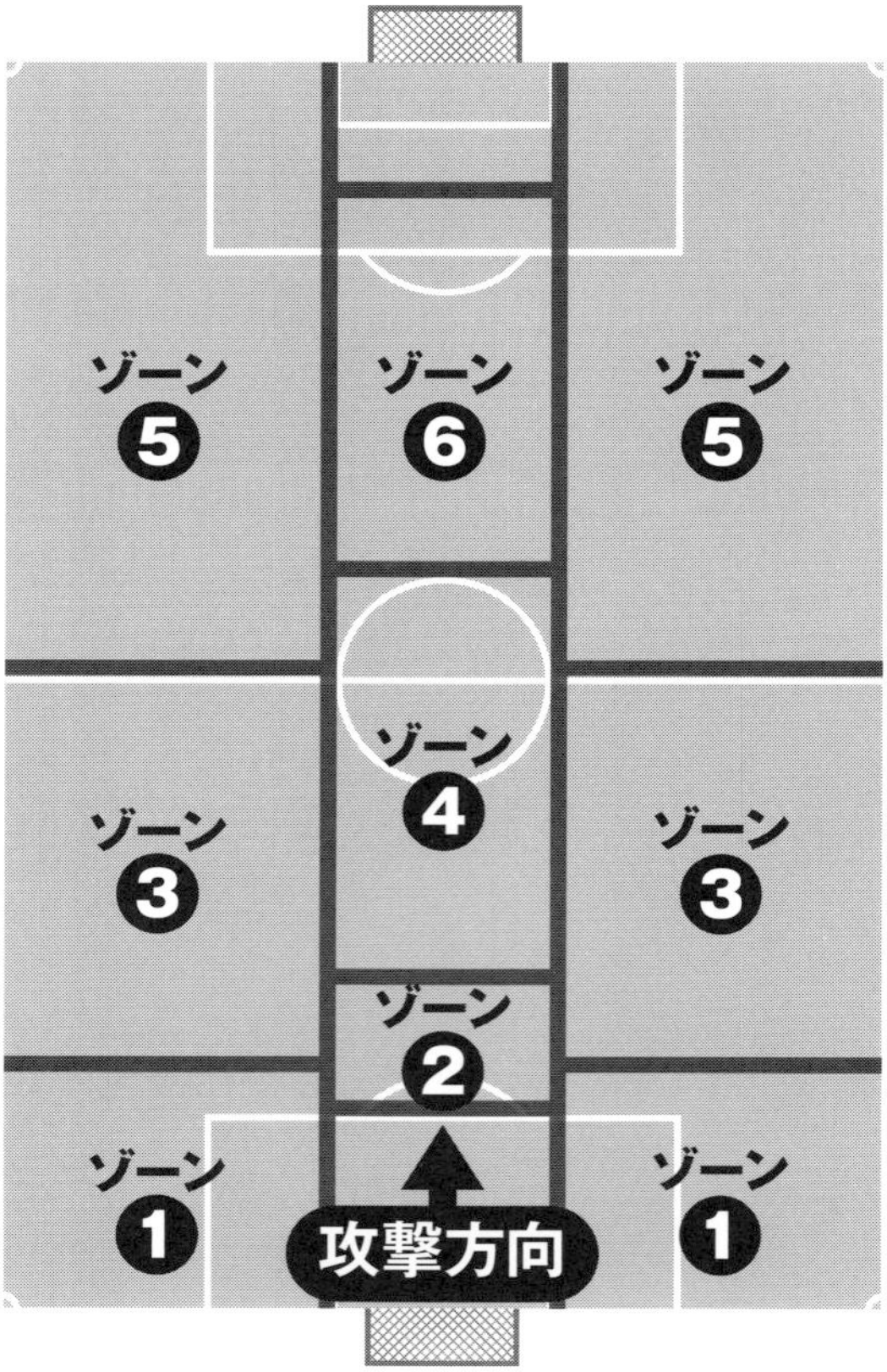

からパスを受けた人が、もう一つ打開する必要はあるかもしれませんが、裏に抜ける動きがあればねらって行くべきです。

逆に、相手の最終ラインが整ってしまい、守備オーガナイズが崩れていないときは、確実に運べるプレーを選びます。たとえば、中盤で間延びしているゾーン4にボランチが顔を出し、前を向ける状況なら、そこにGKから配球します。ゾーン4が無理なら、サイドを見て3へ。あるいは攻守の切り替えの瞬間にもかかわらず、相手がすばやくディフェンスも中盤もセットできている状態だったら、ゾーン1や2から始めることになります。

なぜ、ゾーン1よりも2の優先順位が高いのか？　それは1に決めてしまうと、攻撃方向が限られてしまうからです。2方向しかありません。一方、ゾーン2にパスを入れると、3つの方向性で攻撃が始まります。ゾーンの優先順位はこのように整理することができます。

次に考慮するのは、ディストリビューションのボールの種類など、技術的な部分です。原則的には浮かしたボールよりも、グラウンダーで配球できたほうが良い。受けた選手が攻撃につなげやすいからです。

もう一つの原則は、足よりも手で配球すること。ゾーン6に出すのなら、もちろんパントキックになると思いますが、4や3へのミドルパスでは、手を使うほうが正確にコントロールできます。オーバーハンドスローで投げる能力があれば、そのほうが良いでしょう。しかし、そのような投力がなく、遠くへボールを飛ばしたいときは、キックを使います。その場合もハイボールより、ライナー性のボールを使うほうがベターです。ライナーなら滞空時間が少ない分、早く届けることができ、フィールドプレーヤーもコントロールしやすい球質になります。

2や1にボールを出すときは、原則通りです。グラウンダーで配球しやすい距離なので、アンダーハンドスローを使えば良いでしょう。オーバーハンドスローにするときも、できるだけ低いライナー性のボールか、グラウンダーで味方に届くようなボールを出すことが大事です。そのときも、受ける選手の前にスペースがあれば、遠いほうの足に出し、ターンしやすいように投げます。逆に相手を背負った選手にボールをつけ、ポストプレーで落とすのなら、近いほうの足に出さなければいけません。

ディストリビューションのスピード

ゾーンの優先度も大事ですが、ボールをキャッチした後、ディストリビューションに移るスピードも重要なポイントです。ゾーン6や5へのロングパスを無理に探るくらいなら、相手が休んでいる隙に、ゴールへ向かおうとする近くの味方を早い段階で見つけ、素早く預ける（図39）。これも一つの選択肢です。

地面に置いてリスタートする、ゴールキックの場合も同じですね。バイエルン・ミュンヘンではボールボーイまで指導されているのかと思うほど、ゴールキックになった瞬間、ＧＫはすぐにボールを受け取り、セットしていちばん良いポジションにいる選手を見つけます。

図39

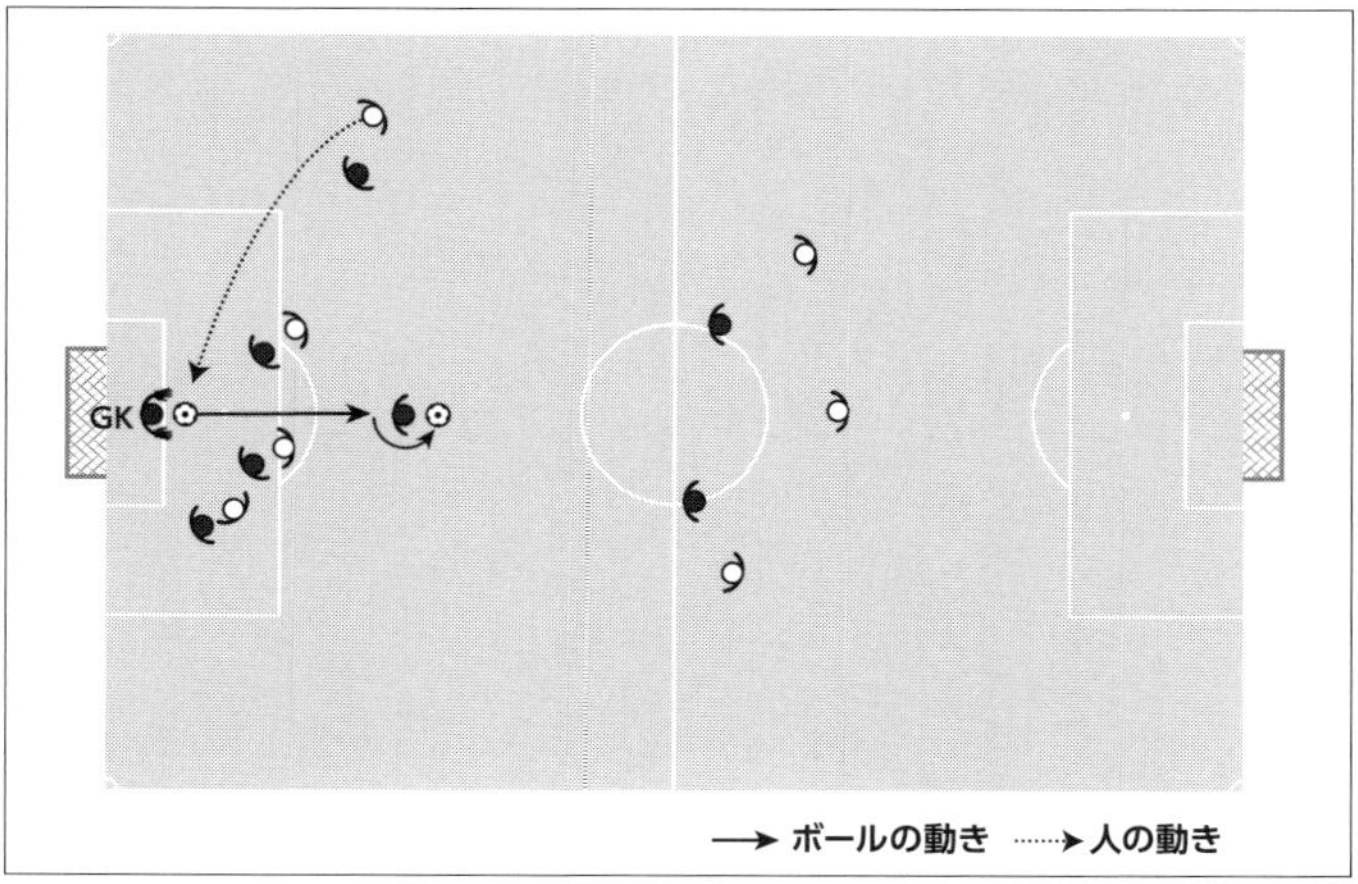

もちろん、ゴールキックの場合は、ゾーン6や5をねらえる状況は少なくなります。ディストリビューションに比べると、相手は守備に戻る時間があり、配球の距離も長くなるからです。ゾーン1や2、あるいは3もどうにかねらえるかな、という選択肢の中で、いちばん良いポジションを取っている味方へパスを出します。

この状況下での〝いちばん良いポジション〟というのは、相手のファーストラインをはがせる位置のこと。ワンタッチした瞬間に、相手1枚をはがすことができる。そういうポジションにいる選手を素早く見つけることが大事です。

ただし、ショートパスのいちばんの目的は、自分たちがしっかりとボールを保持すること。早く始めることが不可能なら、落ち着いた中で始めるのも一つの選択肢です。はがせる場所に味方がいないのに、周りも見ずにあわててパスを出してしまうと、追い込まれてロングボールを蹴らされる状況にもなりがちです。味方がショートパスの準備をしている状況でロングボールを蹴ると、失敗する確率が高いです。

落ち着いて始めるときは、ロングボールの戦術を用意してもいいでしょう。バルセロナならば、各ゾーンに1人ずつを配置する感じにしています。ロングボールを蹴って、競らせて、落として、前を向いてボールを拾う。可能ならばショートパスで始めますが、相手が鼻息荒くハイプレスに来ていると思ったら、ロングボールを蹴って全員で押し上げるような形も取ります。

ショートパスで始めるにしても、ロングボールを蹴るにしても、いちばん大事なことは早く状況を把握すること。それがカウンターのチャンスだったら、ゲーム中でもあまり訪れないシチュエーションです。リスクを犯してでもロングパスをねらう価値はあります。たとえばゾーン6や5など、相手の最終ラインで同数になることは、めったにないチャンス。その状況判断を早くすることができるか。相手の対応がボケている間に、プレーを始められると良いですね。

FWの間をのぞくサポート

カウンターチャンスなど簡単な選択肢が見つからないようであれば、ディストリビューションは、ゾーン1か2、できれば2から始めます。もし、自分たちの最終ラインが相手FWと同数になり、GKがパスを出しにくい状況であれば、数的優位の状況に作り変えましょう。

これはチーム戦術の範囲になりますが、相手が2トップだったら、ボランチ1枚を下ろして最終ラインを3枚にするか、あるいは相手が1トップだったら、センターバック2枚だけで行ってしまう。そうすれば、ゾーン2から素早く始められるかもしれません。

もしくは、相手がハイプレスに来て、全部マークしてくる可能性もあります。それに対してリスクを避けながらプレーするためには、GKがゾーン1に配球した後、続けてサポートを行うことが大事になってきます。

フィールドプレーヤーにとって、ボールに寄ってサポートすることは、すごく大事なことです。それはGKにとっても同じこと。GKはゾーン1に配球した後、どこでサポートするべきか？　相手がプレスをかけてきている際にはボールへ寄ることが大事です。この状況でGKが反対側のサイドへ動くことはほぼありません。リターンパスを中央辺りにいるGKが受けて展開しようとすると、相手は反対側からプレッシャーをかけてきます。これを外すことは難しい（図40）。

では、どういったサポートが良いのか？　それが寄るサポートです。たとえばゾーン1で右サイドへ配球したら、GKも右に寄り、相手FWの間をのぞきます。そこで落としてもらったボールを、右足で縦につける（図41）。そうすると、相手FWのプレスをはがし、

図40

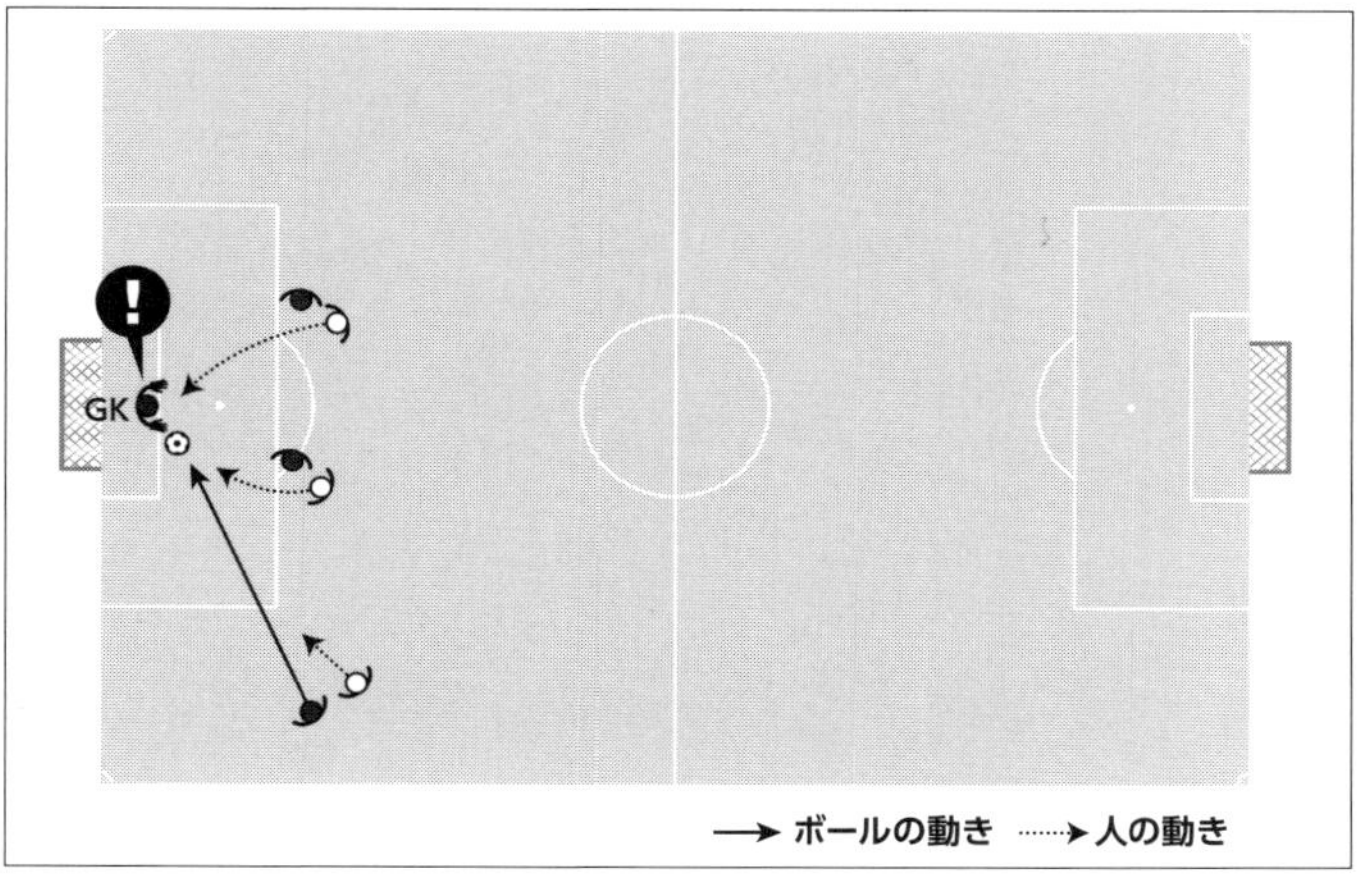

図41

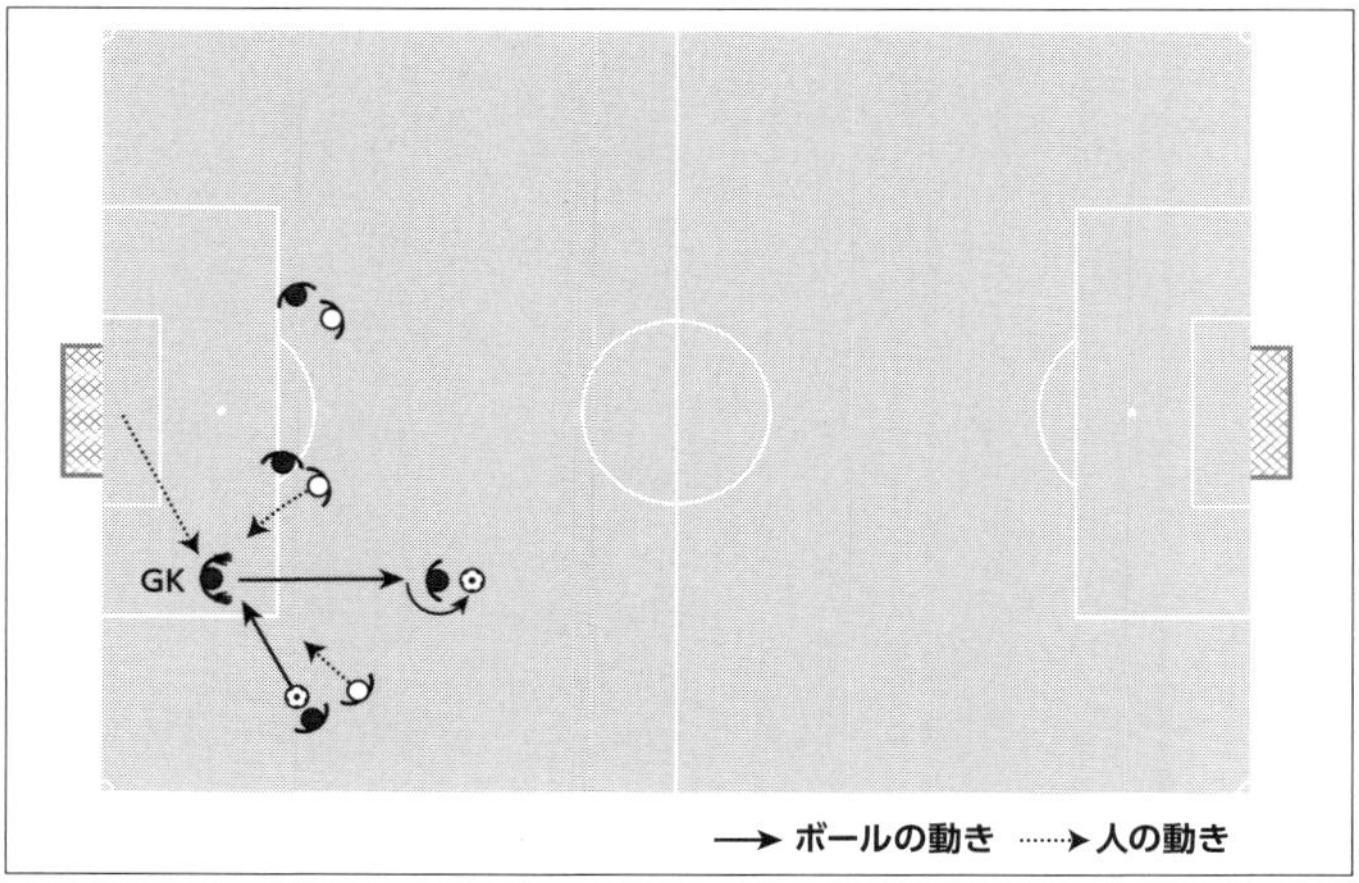

ボランチが前を向く機会を作ることができます。このようにすれば、相手のファーストプレスをはがしたところから攻撃をスタートできます。

GKがボールに寄るサポートは大事です。もちろん逆サイドにスペースがある時は、GKがペナルティーエリアの中央付近でボールをもらい、反対側のサイドへ展開して行くことも可能ですし、それも有効な方法です。しかしそれだけを考えて、ペナルティーエリアの中央付近にGKが留まっていると、GKにリターンパスが戻ってくるまでの時間と距離で、相手はかなり詰めてきます。だからこそ、ボールに寄ってパスラインを短くすることが必要です。

また、GKが相手FWの間をのぞく位置まで寄ると、ゴールを外して立つため、オウンゴールのリスクを避けることもできます。GKはDFからパスをもらうとき、後ろにゴールがあると、すごくストレスがかかります。ゴールエリアとペナルティーエリアの間くらいまで寄ってサポートしてもいいでしょう。もしも最悪のケースで、そこでサポートしても相手FWの間をのぞくことができなかったら、フィフティ・フィフティのボールになってしまいますが、ロングキックでゾーン５へ蹴り、回避することも可能です。しかし、寄るサポートをせず、ゴール中央にリターンパスを出されて、勢いよく寄せられてしまった場合は、ロングボールでの回避すらも難しくなってしまうのです。

サイドへ配球した後、そのまま真ん中に立ち、逆サイドへの展開をイメージするＧＫは多いです。しかし、そこで受けるときは相手が詰めてくるので、相手のプレスの矢印を変えられません。ＧＫが中央にいると、パスラインは約30メートルになりますが、この距離はボールが届くのに１・５秒～２秒かかるので、相手ＦＷが速いプレッシャーに来たら、状況は変わってしまいます。

基本的には中央に立っても良いことはないので、配球した後はパスラインを短くするために、ボールに寄ることがベースになります。その位置でも、味方からサイドを変えられるようなリターンパスをもらえば、ＧＫはボールに寄った状態から、逆サイドへワンタッチで展開できます。ディストリビューションで重要なのは、メッセージを込めること。味方にボールを出し、何をしてほしいのか。もう１回自分に返してほしいのか、前を向いてほしいのか。メッセージをパスに込める。どちらの足に出すのかもそうですし、もちろん、声かけも大事です。

基本としては寄るサポートですが、離れるサポートが有効になるとしたら、それは相手ＦＷが１枚しかプレスに来ていない状況です。間をのぞくこともできないので、距離を取って中央辺りでパスを受け、逆サイドへ展開してもいいです。ただし、相手FWが2枚以上いて、逆サイドへ変えさせないようなプレスをしてくる場合は、やはり寄らなければいけません。

寄るサポートのもう一つの意義は、つなげずに回避するとき、タッチラインに沿ったロングボールを蹴りやすいことです。ボールに寄ってサポートすると、少しカーブをかけたキックを、サイドに近いほうの足で蹴ることができます。タッチラインに沿うような軌道で蹴ることができれば、味方がキープする確率が増えますが、逆に、中から外へ曲がっていくボールは、相手DFが詰めやすく、味方はキープしづらくなります（図42・図43）。

仮に相手DFがクリアしたとしても、タッチラインを割るかもしれませんし、奪われたとしても、ゾーン5からいきなりピンチを迎えることは少ないでしょう。しかし、GKがゴール正面に残り、リターンパスを処理しようとして相手のプレスに引っかかったら、非常に危険なシーンになります。だからこそ、ボールに寄ってゴールを外すことの意味があります。仮に寄ってサポートしたGKがミスをして奪われても、相手が中央へ折り返すときに防ぐチャンスがもう1回あるかもしれません。技術的なミスが直接失点につながるケースを減

図42

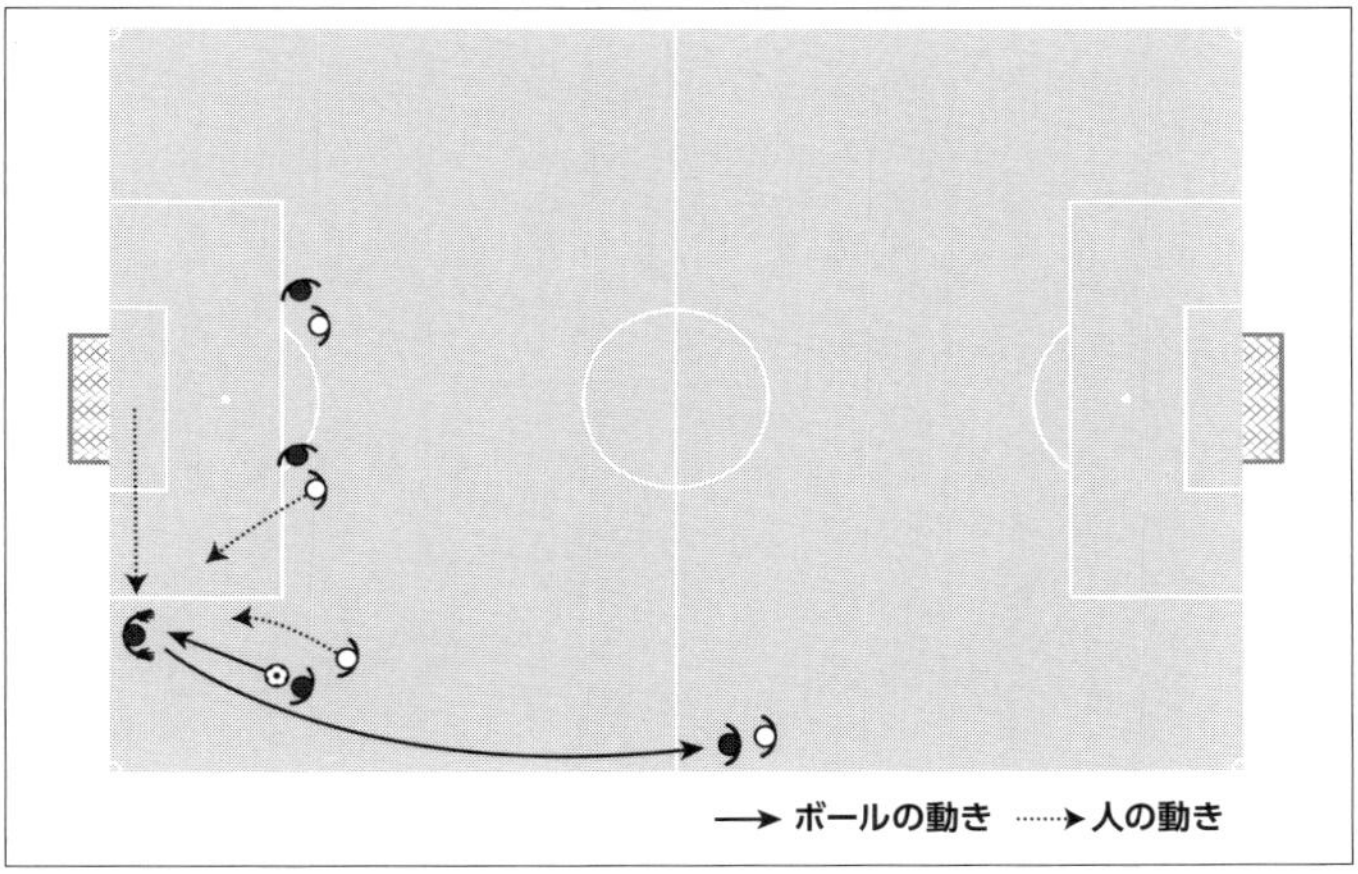
ボールの動き
人の動き

図43

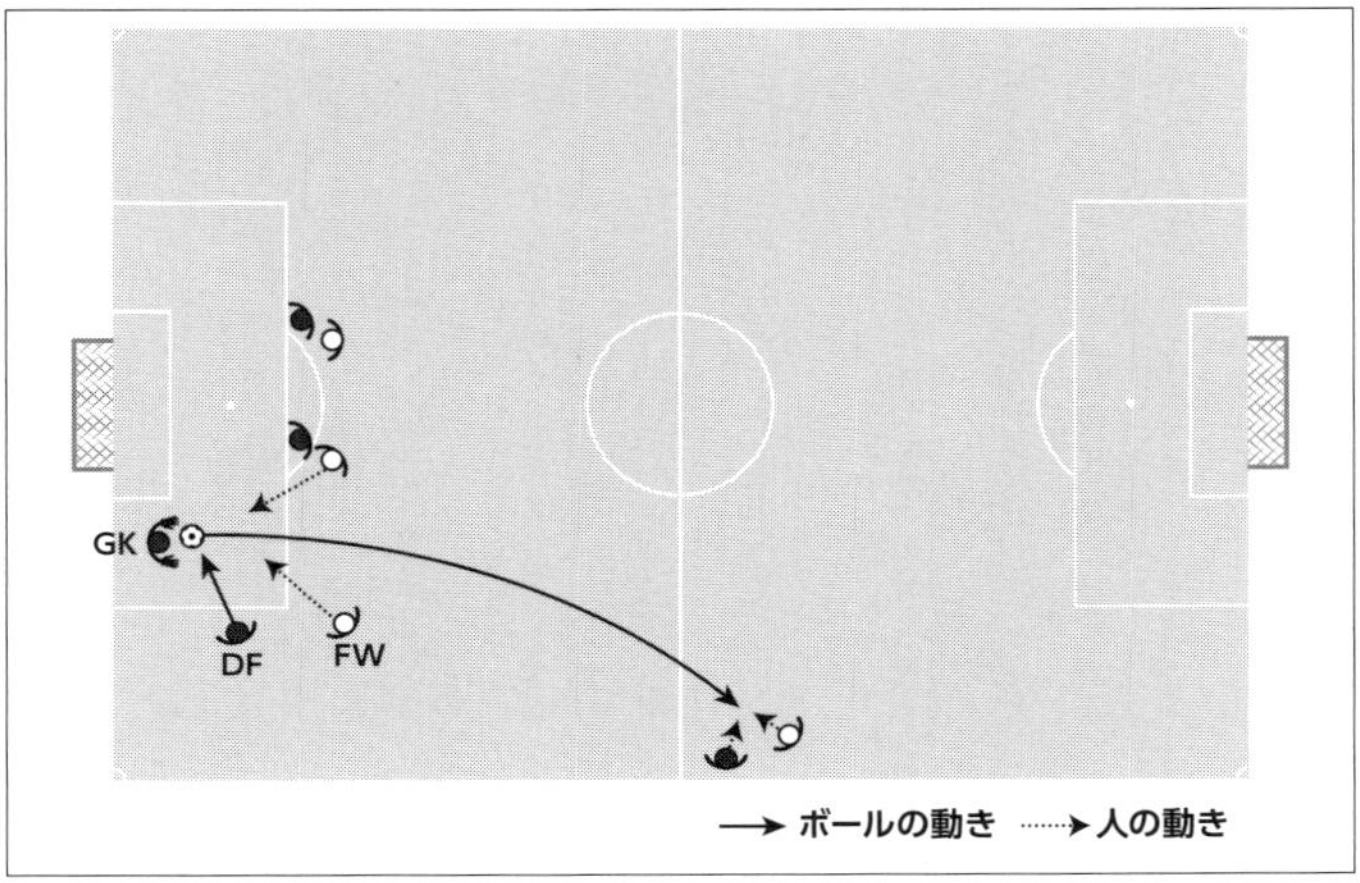
GK
DF
FW
ボールの動き
人の動き

らすことができます。ボールに寄るGKのサポートは、ぜひとも意識したいところです。

では、同じゾーン1へのディストリビューションで、右利きのGKが、左サイドへサポートするときはどうするのか？　左足のコントロールが苦手なGKはたくさんいます。しかし、判断の基準がサイドによって変わるわけではありません。左サイドでも、やはり相手FWの間をのぞき、左足で縦パスをねらう。その練習をしなければいけません。利き足ではない足も使えなければ、相手のスカウティングで丸裸にされ、逆足へ追い込まれる危険があります。

チーム練習ではなく、カテゴリ1でGKの技術練習を行うときは、こういったパスの練習をすることが大事です。カテゴリ2では、ディフェンス、オフェンスを置いて、GKからファーストプレスを突破する練習を行う。そしてカテゴリ3でゲーム形式をやって、GKが試合の中で実践します。利き足ではない側のサイドでも、同じように寄るサポートができるように練習したほうが良いでしょう。

そして、ボールに寄るサポートは大事ですが、運悪くそれが裏目に出るケースもあります。

たとえば、２０１７年のコンフェデレーションズカップに出場したチリ代表では、ＧＫのブラボが、ボールに寄って、相手ＦＷの間をのぞくサポートを実践していました。ところが、決勝戦の前半20分、チリが最終ラインでボールを奪われ、ドイツにショートカウンターで先制を許した場面で、アクシデントが起きます（図44）。

チリのセンターバックがボールを回しているとき、ブラボは次のパスを受けるために、ゴールエリアの横辺り、深い位置でサポートしていました。守備だけを考えるなら、ＧＫのポジションはもっと中央の高い位置で良いのですが、チリの戦略としてボールを大事にする方針があります。だから、ブラボは深い位置に立っていました。

ところが、突如チリの最終ラインでミスが起き、ドイツにボールを奪われます。その瞬間、ブラボが立っていたゴール横のポジションは、ボールに対して遠く、すぐに奪うために出られないポジションだったのです。

遅れて前に出る形になったブラボは、ボールを運び出してきたティモ・ヴェルナーとの角度を狭めきれず、平行への横パスを許して、最後はラース・シュティンドルに押し込まれました。これはブラボにはどうしようもありません。チリの戦術上、ブラボがビルドアップのために深いポジションを取るのはチームの共通理解でしょう。失点を喫したからといっ

図44

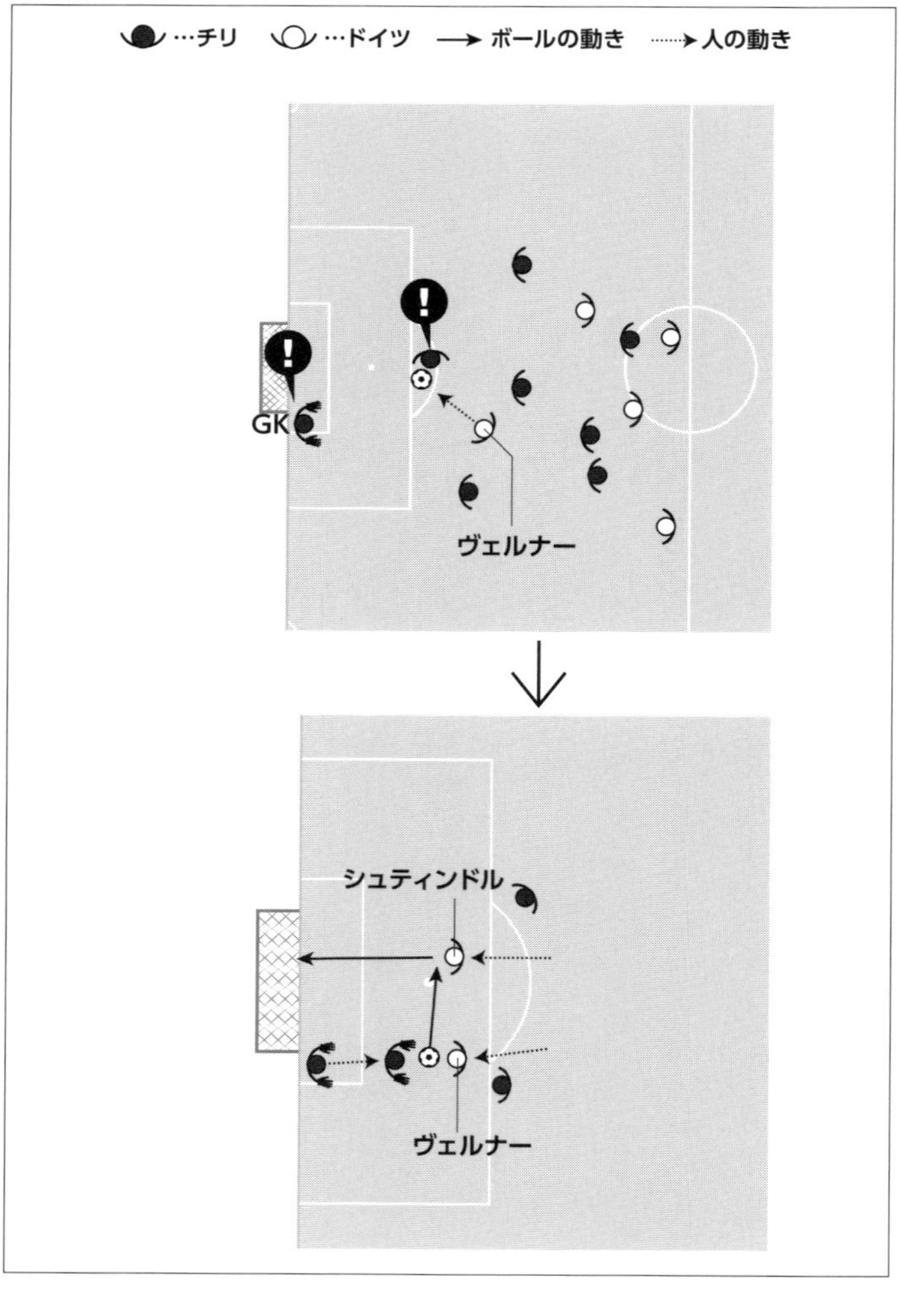

て、ポジショニングを修正すれば、チーム戦術が崩れることになります。完璧な戦術はあり得ないので、こうしたアクシデントが起こり得ることを承知しておく必要はあります。

チームとして整理しなければならない

ＧＫのパス＆サポートは、ボールに寄って相手ＦＷの間をのぞくこと。これを実践しながら、ロングパスも常にねらっておくことが大事です。ショートパスばかりを見ないようにする。いちばんの優先順位はロングです。ショートパスでつなぎながら、ロングパスを通したり、間を通したり。何よりもＧＫは状況を見ながらプレーできるかが、いちばん大事です。

たとえば、ＧＫが真ん中でボールを持ったとき、すぐに出さないほうが良い状況もあります。相手がプレスをかけるタイミングは、だいたいサイドバックに入ったときや、サイドにつけたボールが緩いときに取ろうとすることが多いです。ＧＫが安易にサイドへ出してしまうと、相手のプレッシングスイッチを入れることになるので、３方向から攻撃のアクションを選択できるように、なるべく真ん中でボールを持つことも選択肢の一つです。

そこからショートで出せなかったら、ロングで出してもいい。

見るべきスペースの優先順位として、逆サイドの斜め方向があります。一度ボールサイドに寄ると、逆サイドがフリーということがすごく多いのです。相手FWの間をのぞいたとき、そのコースは閉じられるかもしれないけど、そこでワントラップして逆サイドへ展開するのは充分に可能です。一度ボールに寄ることで、相手は間を抜かれることを警戒し、ボールサイドに寄ります。そうやって相手の守備を動かすことで、逆サイドにスペースが生まれるわけです。

ボールに寄ってパスを回すと、逆サイドを見るのは難しく、足元がうまいGKでも短いところしか見えなくなることは多々あります。しかし、GKは基本的にフリーなので、そんなにプレッシャーはなく、来ても一方向です。どれだけ怖がらず、周りを見ることができるか。技術があればあるほど、最後まで周りを見ることができますが、技術がないからと、どんどん蹴り出してばかりいると、それ以上技術が伸びません。フリーだから、周りが見えて、ボールを止める、運ぶ。これは日本人のGKならできます。ほぼ全員が出来ると思っています。間違いなく、オフェンスアクションに関してはドイツ人より上手ですから。その考え方の整理をGKだけではなく、チームとして取り組んでほしいですね。

たとえば、ＧＫが回避のロングキックをするなら、ＦＷもボールサイドに寄らなければいけません。ＧＫが危ない状況になったら、チーム全体で同サイドに寄る。そういったことをチームが整理できていれば、ロングボールを蹴った後にもキープできるかもしれない。だからこそ、ＧＫも怖がらずにサポートし、ビルドアップに参加できます。逆にそういう整理をせず、パス＆サポートをやって、最終的にＧＫが蹴らされてしまったら、ＧＫは何をしているんだ、という雰囲気になってしまいます。それではどうしようもありません。うまく行く場合と、うまく行かない場合の選択肢を整理しておけば、チームが迷わずに済みます。

（図45）は２０１１－12シーズンのアヤックスとレバークーゼンの5試合を分析した例です。ＧＫからの攻撃の種類を見ると、アヤックスはＧＫからショートパスを出した回数が5試合で95本ありました。逆にレバークーゼンは、当時かなり縦に行くスタイルだったので、ロングパスが90本と多くなっています。ショートパス主体のアヤックスと、ロングボールが多かったレバークーゼン。両チームの違いです。

そして、ＧＫからのパスの中で、アタッキングサードでボールを保持できた割合は、アヤックスが6割、レバークーゼンは4〜5割です。さらにレバークーゼンはロングパスが主体ですが、ショートパスも8本ありました。ところが、そのうちアタッキングサードに運ぶことができたのは、たったの3割。それはチームの方針もあり、GKからショートパスをつなぐ練習をしていないからです。

このアヤックスの優位を見てもわかるとおり、相手のオーガナイズがしっかりしていれば、いきなり五分五分のロングボールを蹴るより、自分たちの形でボールを運んで行くほうが絶対にいい。いえ、〝絶対〟という言い方をしたらダメですが、自分たちがやろうとしているサッカーを、GKか

図45

チーム	パスの種類	本数	アタッキングサードでのボール保持	成功率
アヤックス	ショート	95	57	60.0%
	ショートーロング	6	3	50.0%
	ロング	23	13	56.5%
レバークーゼン	ショート	27	8	29.6%
	ショートーロング	11	3	27.3%
	ロング	90	42	46.7%

ら体現できます。

また、ショートパスで始めたのに、結局ロングパスを蹴らされる回数が多いチームは、アタッキングサードにボールを運べる確率が下がります。これはある意味、いちばんダメなケースです。何も考えず、メッセージもなくセンターバックに預けてしまうと、結局どうしようもなくて蹴り出してしまう。それはねらいを持って蹴るロングボールではなく、蹴らされているので、五分五分のボールを拾いづらく、攻撃につながる確率が低いのです。

そういった状況を回避するために、チーム戦術としてGKのディストリビューションを練習することが大切なのです。キックやスローイングは技術的な部分もありますが、間違いなくチーム戦術の一部です。GKが持ったときに、チームがどういうポジションを取るか。相手のディフェンスを見て、後ろからゆっくりビルドアップするとき、どういう意図を持つか。チームで練習することが非常に重要なテーマです。

第5章　セットプレー・PK

セットプレー・PK

セットプレーのゴールディフェンス

セットプレーをどこまで取り上げるかは悩みどころですが、パターンを細分化するとキリがなく、それだけで本が1冊できるほどです。また、マンツーマンやゾーンなど、フィールドプレーヤーの守備戦術が多く含まれるため、ここではGKが関わる部分に焦点を絞り、解説をします。

まず、セットプレーは、GKが最後尾から全体を見ることができ、味方も近くにいて声をかけやすい状況です。マンマークする味方DFは、相手の動きに集中するため、周囲を見ることができませんが、GKが相手をマンマークすることはほとんどなく、全体を見て指示を出せる立場にいます。セットプレーの守り方を整理し、GKが味方をリードすることが大切になります。

セットプレーもインプレーと同じく、オフェンスアクション、ゴールディフェンス、スペースディフェンスの3つに分けて考えることができます。セットプレーにおけるGKのオフェンスアクションとは、ゴールキックや、あるいは自陣深い位置のフリーキックなどですね。これらは4章で説明したことに含まれます。

一方、守備の部分では、ゴールを守るか、スペースを守るか。前者についていちばんわかりやすい状況は、ペナルティーエリア手前からの直接フリーキックでしょう。このときGKが最優先で考えなければならないのは、ゴールを守ることです。

まず、直接ねらわれるセットプレーのケースでは、GKはゴールラインにポジションを取るべきと私は考えています。その理由は、ボールが見えてからの反応時間を少しでも確保したいから。GKにとっては、壁とゴールの間しか、ボールがはっきりと見える時間はありません。できるだけ後ろに立ち、見る時間を稼ぎたいところです。逆にGKが前に立ってしまうと、かなり速い反応が要求され、どうしてもボールに対してアクションが遅れがちになります。

もう一つの理由は、できるだけボールに対して前へ、アタックのイメージでセービングしたいからです。もし、ゴールラインから離れて前に立ってしまうと、ボールに対して身体が斜め後ろに流れながらセービングするか、あるいはどんなに早く反応しても、横向きにセービングするのが精一杯でしょう。ゴールディフェンスの項で説明した通り、後ろ重心のセービングは、シュートの勢いに負けたり、ゴールの枠外へはじきづらくなったりと、さまざまなデメリットが生じます。その点で、ゴールラインのぎりぎりに立てば、真横か、あるいは斜め前にセービングするイメージを持つことができる。大事なポイントです。

図46

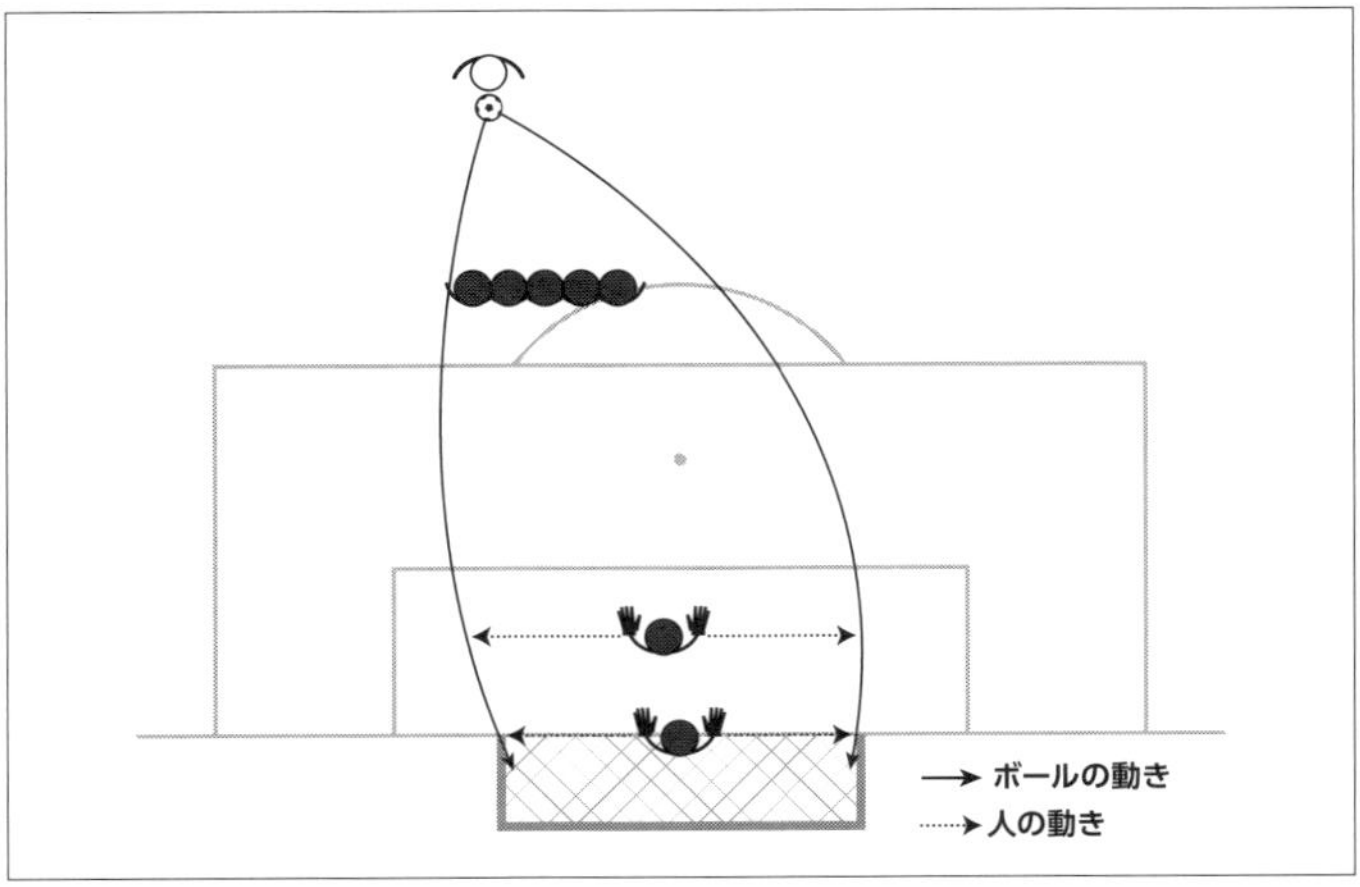

そしてもう一つ、軌道の問題もあります。直接フリーキックは、壁を避けるために、大外からカーブで巻いてくるシュートが多いです。そのとき、前に立っていると、GKはゴールの幅以上にステップし、飛びつかなければいけません。ゴールラインに立っていれば、最終的にボールが曲がりながら入ってくるのはゴールの幅なので、そこだけを守ればいい。そういう考え方です（図46）。

カーブだけでなく、無回転のシュートを打たれることもあります。その場合は変に動くよりも、コースに入ってボールに対して面を作り、当たりに行くだけで十分だと思います。キャッチは難しいですし、点で行くよりも面で行け、という感じですね。加えて、少しボールに寄って行く。待てば待つほど、人間は考えて動いてしまいます。どうしようかなと迷って、動いてしまうくらいなら、面を作りながらボールに寄る。考える時間を自分で無くすように、ボールにアタックしたほうが良い。無回転シュートには、そのように対応をすれば良いと思います。

そして、GK個人の対応のほかに、壁の作り方も重要です。これは当たり前のセオリーなので、あまりGKコーチによって差が出るポイントではないかもしれません。

まずはボールとニアポストを結んだ直線上に、1枚置く。それに合わせて、全部で何枚を置くか。これはGKが決めてもいいと私は思っています。セオリーとしては、ポストの線上の1枚の外側に、プラス1枚を置く。なぜかと言えば、外巻きのカーブでねらわれるケースがあるからです。この2枚は背の高い選手を置きます(図47)。そこから背の順やボールに対してしっかり向かえる選手を並べていきます。

あとは相手のキッカーが何人いるか。2人いるときは、壁の外側に、壁に入らない選手を1枚置くのも手段の一つです。この選手を置かない場合、相手キッカーがパスで始めたり、ボールを移動させて打ったりと変化を付けてきたとき、対応が遅れてしまいます。また、壁から誰かが飛び出して対応すると、壁の穴が空いた箇所にシュートを打たれるかもしれません。相手キッカーが2人いるときは、対応する選手を1枚用意するかどうか？　これはGKコーチや監督と共に、相談しながらやっていくところです。

もう一つは、壁がジャンプするかどうか。これもGKがコミュニケーションを取るべきです。近い位置からの直接フリーキックの場合、シュートは壁を越えて落とさないと入りません。大きく変化させるぶん、シュートの勢いが落ちるので、GKは防ぐチャンスがあ

図47

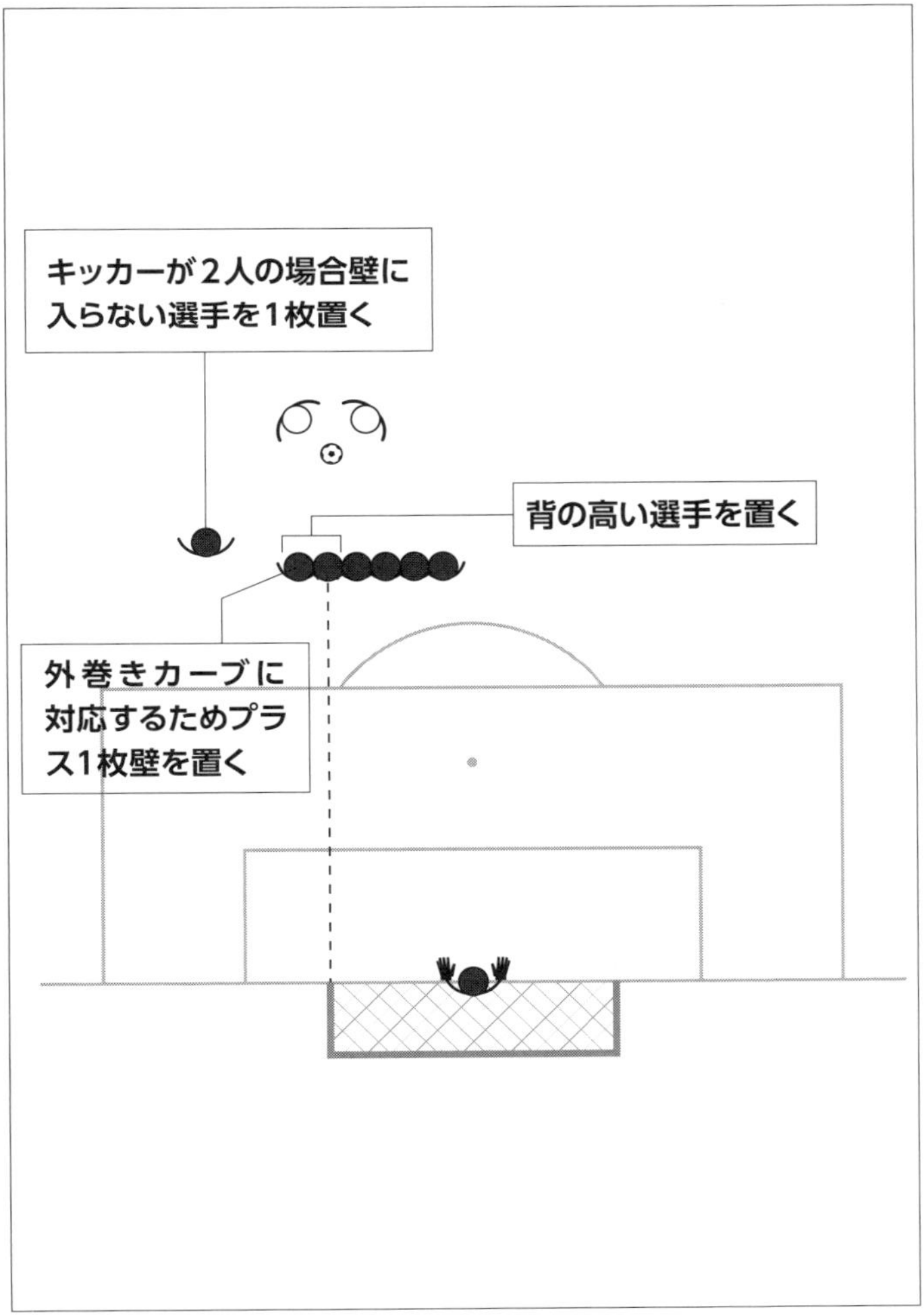
キッカーが２人の場合壁に
入らない選手を１枚置く
背の高い選手を置く
外巻きカーブに
対応するためプラ
ス1枚壁を置く

ります。近距離の場合は、壁の上よりも、下を抜かれるほうが脅威です。だとすれば、近距離なら壁はジャンプしないか、あるいは小さなジャンプでいいかもしれません。

その一方、フリーキックの位置が遠い場合はどうか。壁の下を通ったとしても、GKが反応できるくらいの距離があれば、壁は高くジャンプしてもいいかもしれません。いずれにせよ、壁がどういう動き方をするのかをGKがわかっていれば、自分のポジション、構え方、動きが変わってきます。もちろん、壁に「跳べ！」と指示すると相手にばれてしまうので、そこはサインにすれば良いでしょう。共通認識をお互いに持っておきます。

ゴールを守るのはGKの責任であり、GKはそこで評価されるわけなので、GKがイニシアチブを握ってフィールドプレーヤーを動かし、守備を構築しなければいけません。

セットプレーのスペースディフェンス

次はセットプレーのスペースディフェンスです。たとえば、ワイドな位置からのフリーキック。GKに意識してほしいのは、ゴールを守るだけではなく、スペースを守れるポジションにつくことです。スペースディフェンスの項で説明した通り、シュートを打たれる前にクロスに触ってしまえば、危険を未然に防ぐことができます。だからスペースから優先して守り、もしも打たれそうなら戻って構え、ゴールディフェンスに切り替える。つまり、スペース↓ゴールの順ですね。もし、最初にゴールにポジションを取り、そこからスペースに出て行くと、やっぱり届かなくてゴールを守るほうに切り替えようとしても、もう一度戻るのは難しいです。3段階になってしまいます。スペース↓ゴールなら2段階で済みます（図48）。

また、ディストリビューションの項で説明した通り、ボールをキャッチした後はGKからの素早い配球でチャンスを作ることが可能です。セットプレーの守備も、相手

図48

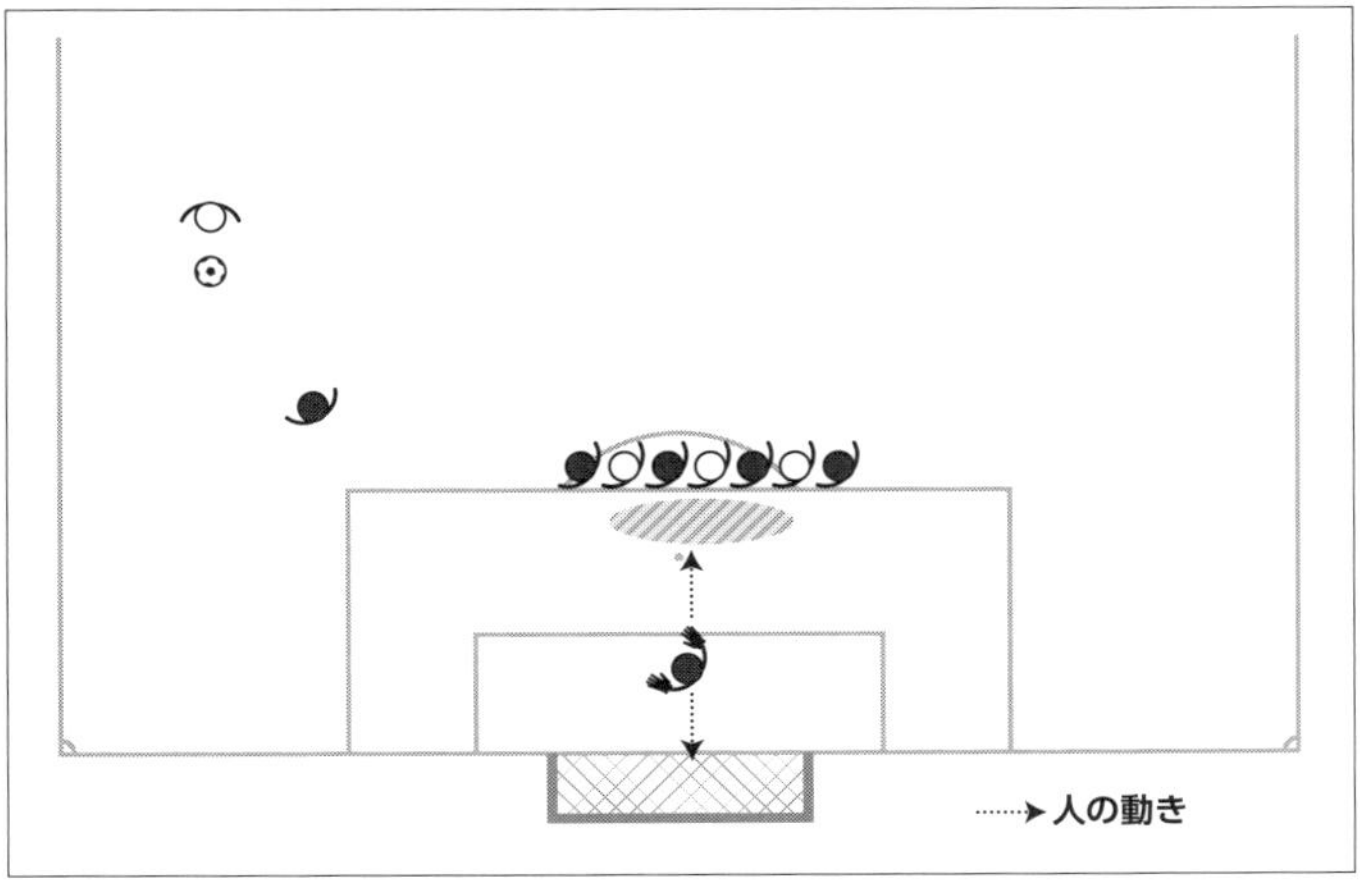

と入れ替わり、カウンターをねらいやすい状況です。ＧＫのスペースディフェンス能力が高ければ、このような攻撃に寄与する機会が多くなります。

一方、壁の作り方はどうか？　ワイドな位置からのフリーキックで、相手のキッカーが１人なら、壁は１枚で充分でしょう。そこに立つ理由は、グラウンダーのボールに対して、前で触らせないように邪魔をするためです。もし、キッカーが２人だったら、壁は2枚（図49）。もしくは１枚置いて、その後方に１枚ですね。これはゴールディフェンスの壁と同じ考え方です。キッカーにパス＆ゴーをされたとき、１枚だと２対

図49

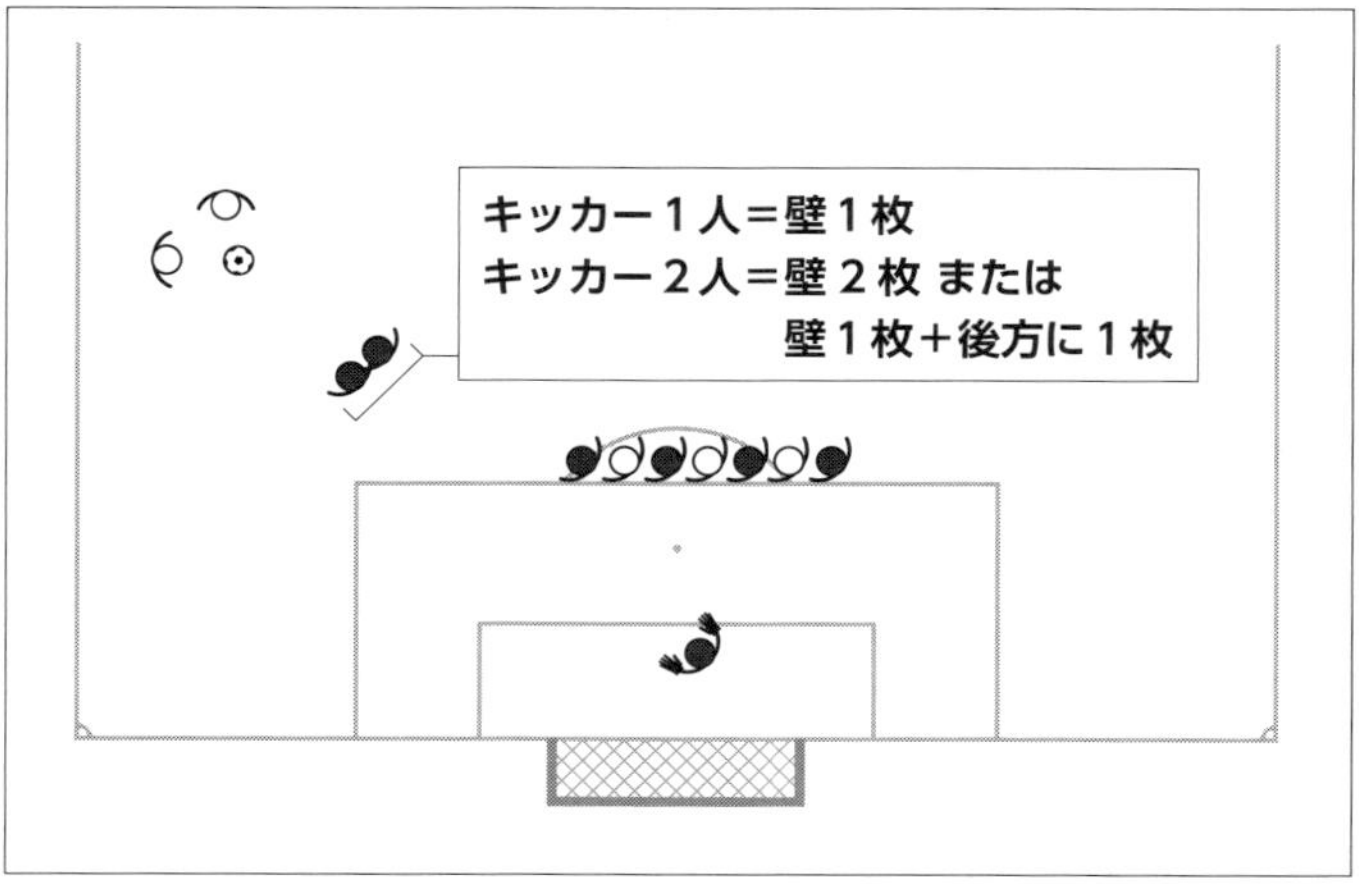

1で、すぐに裏を取られてしまうため、壁は2枚必要になります。

クロスに対してフィールドプレーヤーが、マンツーマンで守るか、ゾーンで守るかは、チーム戦術上で決めることです。マンツーマンだとしても、ニアサイドにフリーで立つストーンの選手を1人置くのが定石です（図50）。その役割は、ニアに速いボールが来たとき、GKが出られないボールを防ぐこと。ストーンの選手は、斜めにクロスのコースに入り、手前ではじき出す役割があり、かなり大切です。ヘディングが強く、周りを見ることができ、力強く守れる選手をストーンに置きましょう。その位置を、GKが指示して決めることも

図50

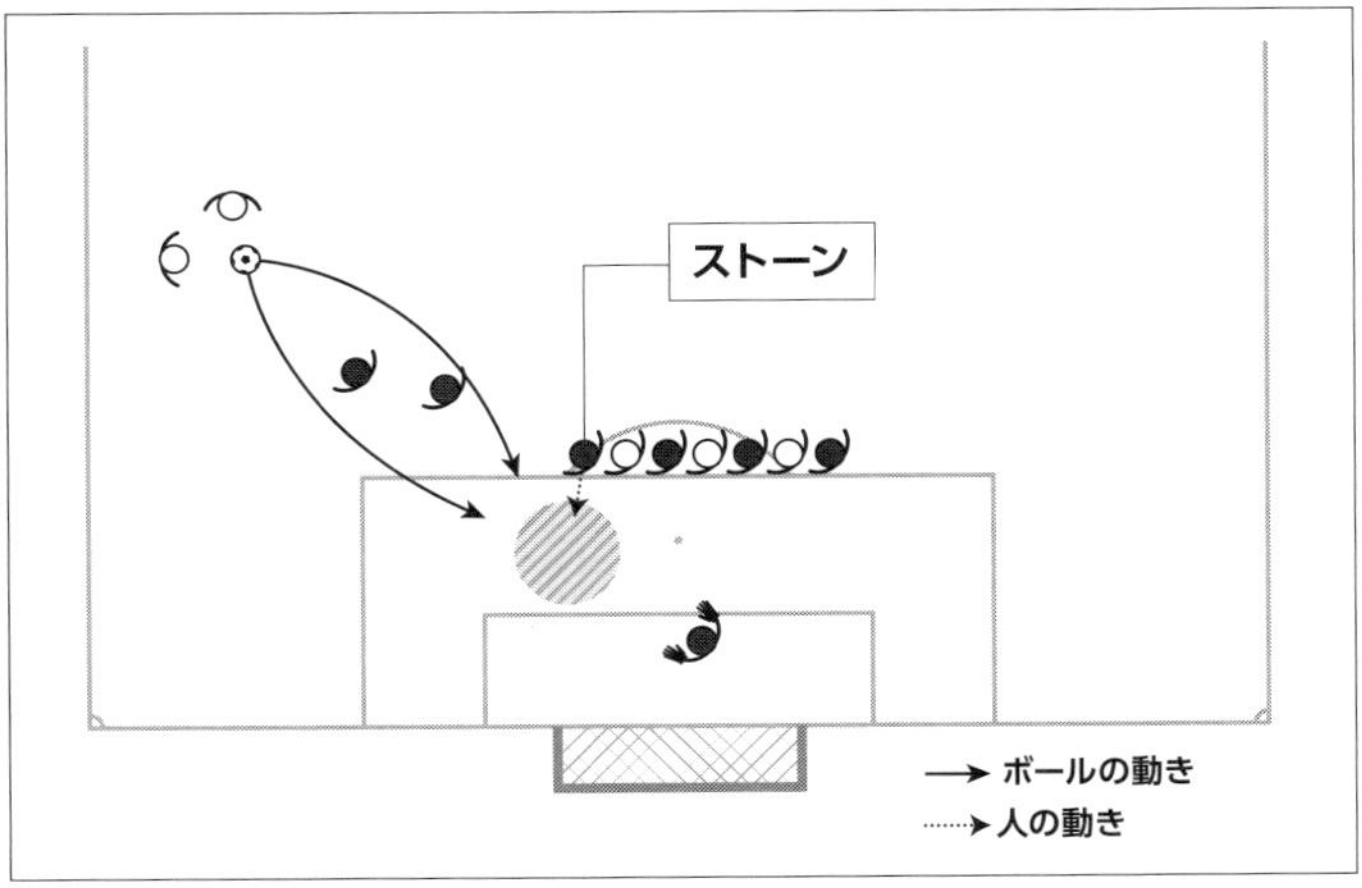

大切です。

一方、コーナーキックの場合ですが、ニアサイドにストーンを置くことは同じです。加えてニアポスト、ファーポストにも選手を置くのかどうか（図51）。それはGKの能力、好みも関係します。ニアポストに置く理由としては、相手がショートコーナーを選択したとき、ストーン以外に対応できる選手がいなければ、ストーンが定位置から抜けてしまうから。このデメリットを避けるために、ニアポストから選手が行く形にすれば、ストーンの選手は真ん中に残ることができます。

そうやってニアサイドの対応を、完全に

図51

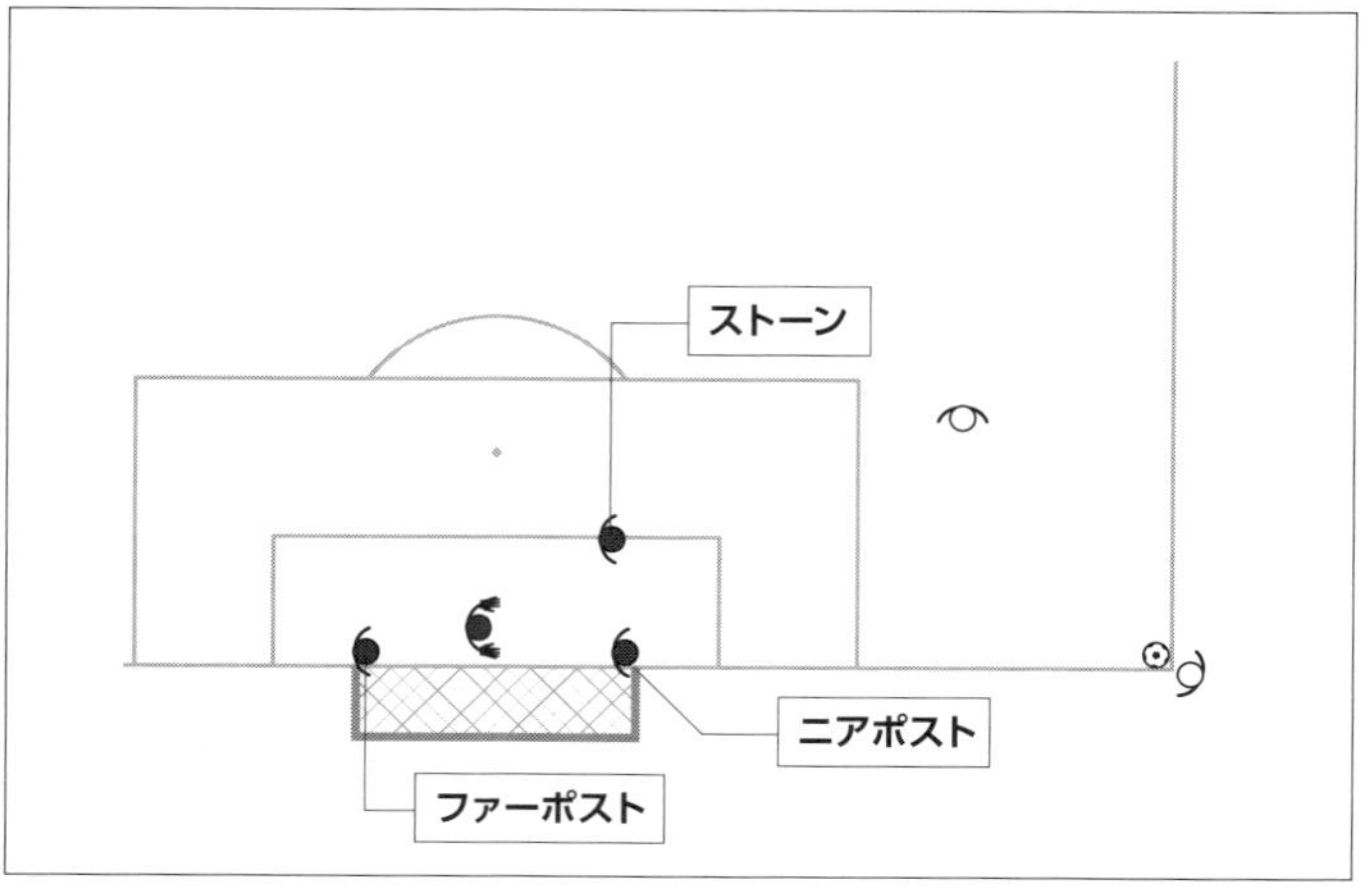

フィールドプレーヤーに任せることで、パワーをゴール前に集中させるGKもいます。さらにファーポストも置けば、GKが頭上を越された場合でも、ファーポストの選手が守る可能性があるので、GKは思い切って出て行きやすくなります。

ただし、問題はどこまで人数を割くかです。ストーンと両ポストで3人を使ってしまえば、残りは7人。1人を前線に残すと、あとは6人です。だいたい相手は6人か5人をゴール前に上げてくるので、そのマークに付かせると、手一杯。ペナルティーエリア前に跳ね返ったセカンドボールに行ったり、カウンターを仕掛けたり、といった可能性をあきらめることになります。もし、ストーンと両ポストに3人を割くのなら、全員をゴール前に戻して、マンツーマンではなくゾーンで守ったほうがいい、というのも考え方の一つです。

チームの方針として、カウンターに人数をかけたいのか、それとも絶対に失点したくないのか。カウンターに人数をかけると、駆け引きで相手も下がるかもしれません。たとえば前線に3枚を残せば、相手は数的優位を保つために4枚を残すことが多いです。MSN（メッシ、スアレス、ネイマール）時代のバルセロナは、コーナーキックの守備で3枚を前線に残していました。できるだけコーナーキックに飛び込んでくる相手の人数を減らしたいのなら、このようなやり方もあります。

ここまで来ると、もうGKの話ではなく、チーム戦術ですね。ヘディングやマークが強い選手が味方にどれだけいるのか。カウンターをどれだけ重視するのか。これらの考え方により、守備戦術は変わります。

ほかにセットプレーで注意するべきは、GKの動きを妨害してくる相手にどう対応するか。一般的には、妨害する相手をDFにマークさせてブロックすることが多いですが、うまく相手を押し出せなかった場合、結果としてGKは相手とDFの2人に動きを邪魔されることになります。これでは飛び出してボールにアタックするのは難しいでしょう。

だとしたら、相手がいてもDFを付けない、というのも一つの考え方です。その場合、GKは1枚だけを相手にすればいい。あるいはDFに後ろからマークさせるのではなく、前に置いてしまう。そうすると、前に来たボールはDFが出て対処し、GKが考えることは、高く上がったボールに手が届く範囲で行くだけ。そこで空中へ跳ぶのを妨害してきたら相手のファウルです。

この守り方は、日本ではそれほど見かけないですが、ヨーロッパでは結構やっています。GKを邪魔する相手にマークを付けず、ニアサイドや低めのボールの対処は、ストーンと、妨害してくる相手の前に置いたDFに任せるわけです。動きを邪魔されるのを、GKが嫌がるかどうかにもよりますが、もし、それを嫌がるのなら、こうやってハッキリと分担すれば戦術はスッキリします。

PKを止める

PKをどう止めるか？　GKはできるだけ相手を「観る」、というのが大きなポイントです。プロのサッカー、あるいはスカウティングできるレベルの試合なら、キッカーがどちらに蹴るのかくらいは、情報として入れてあげたほうがいいでしょう。なぜかと言えば、GKが考えることを、できるだけ少なくさせたいからです。シンプルであればあるほど、動きやすく、逆に考えることが増えると、迷って動きのミスが発生します。相手がどっちに蹴るのかが頭に入っていれば、それが基準となり、GKの対応はスッキリします。

ただし、相手も分析されることは理解しています。あえて逆に蹴るかもしれない。だからこそ、相手をよく「観る」ことが大事です。PKについて、さまざまなGKの視線を調べた研究によると、最終的にGKはボールを見ることになりますが、そのボールをいつ見るか。タイミングはＧＫによって違います。

たとえば、ぎりぎりまで相手を見て、最後にボールを見るＧＫがいる一方、もっと早い段階からボールを見ているＧＫもいます。ＰＫを止めた回数はどちらが多かったのか？

これは少しの差ですが、相手をぎりぎりまで見てから最終的にボールを見るＧＫのほうが、止める確率は高いという結果が出ています。相手を観察することは、練習で取り組んで伸ばすことができるので、それも理由の一つでしょう。

私の考えでは、ＰＫはなるべくぎりぎりまで我慢し、リアクションで身体を伸ばしてセーブする。基本的にはそれだけです。大事なことは、自分から先に動かない。左右どちらにでも動けるようにバランスを取って準備し、最後まで相手を観察します。フェイントのような動きは、最初はやってもいいかもしれませんが、打たれる瞬間、最後のところになったら、しっかりと止まって相手を見ること。シュートを止める部分だけを考えるなら、ぎりぎりまで動かずに行くのが対応としては良いです。ただし、駆け引きの動きを入れながらでも、相手を観察して、帳尻を合わせられるのなら、心理戦としては一つの手だと思います。

ＧＫがぶれないメンタルを持つことも大切です。ＧＫが届かないぎりぎりのコースに決められたら仕方がありません。「PKはやられて当たり前」と考えてはいけませんが、それでも、スーパーゴールも含めて全部を止めようとするGKは、先読みして動いたり、アクションが大きくなってタイミングを外されたり、といったデメリットが生じます。

普通のコースに蹴られた普通のシュートを、確実にセーブする。GKにそういう考え方を伝えてあげれば、ぎりぎりまで動かず、相手を観察してリアクションのみでプレーできるかもしれません。これはGK指導のアプローチとしても重要です。

キッカーを観察するポイントとしては、まず、蹴り方を知ること。大きく分けると、身体を開いて外に蹴るか、身体を閉じて内側に蹴るか、この2つです（図52）。どちらかと言えば、内側に蹴る選手のほうが多いと思います。人間の構造として、キックは身体を閉じて内側に蹴るほうが、身体を動かしやすいので。逆に外側をねらうとしたら、ぎりぎりのコースを外から巻いてゴールに入ってくる軌道で、GKの手を避けて決めることも考えられる。そういう洒落たシュートを、ねらうタイプかどうか。あるいは、真ん中に蹴ってくる駆け引きの上手な選手かもしれない。それらを情報としてスカウティングで入れたり、あるいはゲーム中の様子を観察したりと、自分で基準を作って備えることが大切です。

いちばん決まる確率が高いコースは、実は真ん中である、という調査を見たことがあります。ＧＫはやはりどちらかに動いてしまいますし、真ん中に蹴る選手が少ないため、逆にそこに蹴ったときは、入ることが多いのかもしれません。ただし、こういったパーセンテージは難しいですね。左や右は、蹴る選手の総数が多いから、止められる回数も増えます。もしかすると、真ん中に蹴る選手の総数が、野球で言うところの規定打席に達していないかもしれない。

真ん中はキッカーが心理的に蹴りにくいコースであり、それがわかっているから、ＧＫは動いてしまうし、それを逆手に取って、真ん中に蹴る選手がいるわけです。駆

図52

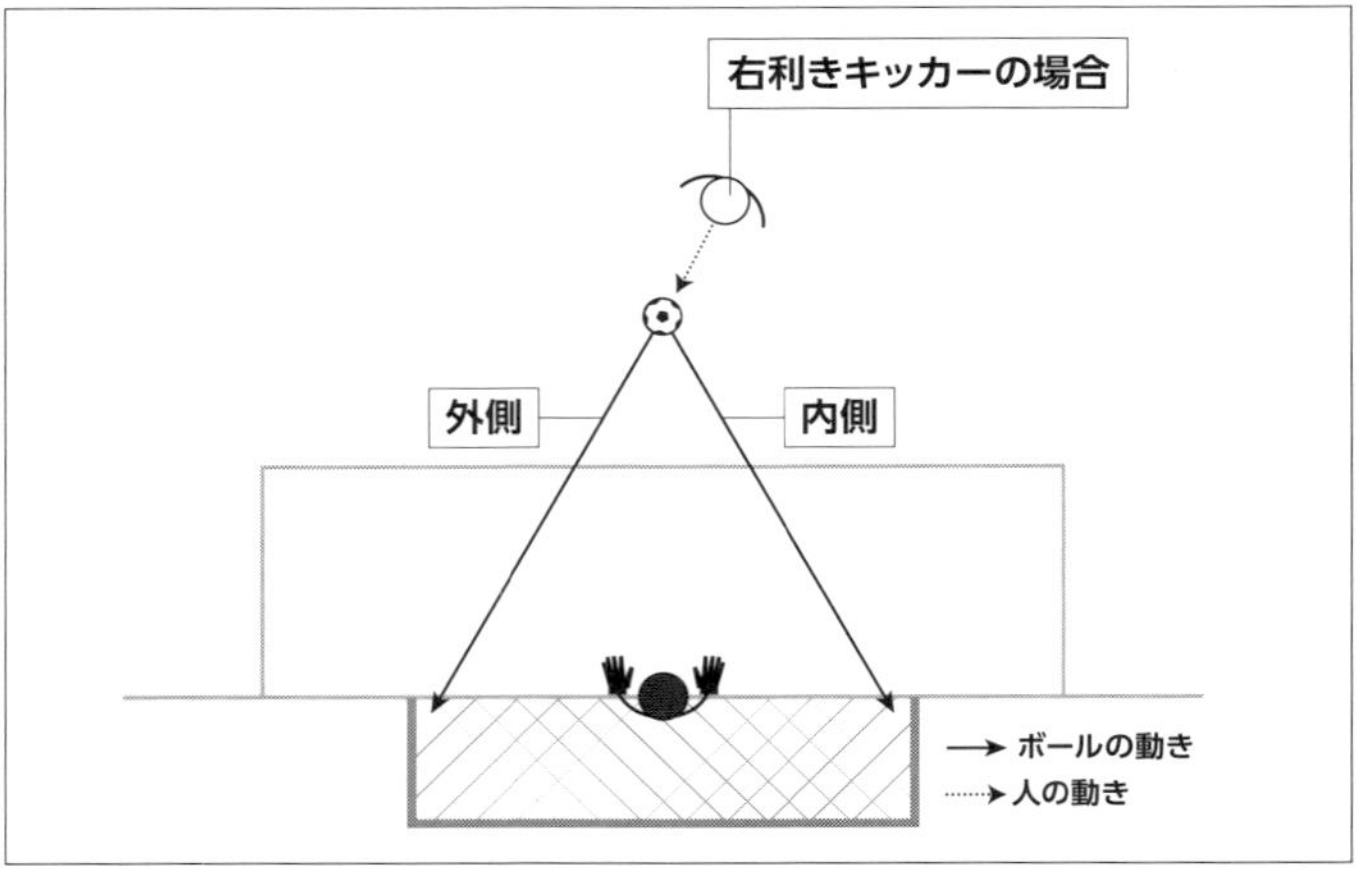

け引き上の話なので、単純に一般化して「真ん中が決まりやすい」とは言いづらいですね。ぎりぎりまで動かず、相手をしっかりと観察することが大事だと思います。

さらに細かく言えば、『ぎりぎりまで動かずに相手を観察する』というのは、どの瞬間まで行うのか？　たとえば、ボール自体が動き出すまで、GKは完全に動かないで待つのか。それとも相手の足の振りを見て、ボールに当たる寸前くらいに動くのか。

これはどちらを優先させるかです。きわどいコースは捕れなくても仕方がない、という考えなら、ボールが完全に動き出すまで観察してもいいかもしれない。逆に、もう少しセーブするエリアを広げたいのなら、ぎりぎりまで見極めつつ、軸足を踏んだ後、あるいは足を振り始めた瞬間くらいで、こっちかなと思った方向へ跳ぶ。それでも悪くはないです。PKは決められて当然ではないですが、キッカー有利であることは間違いありません。すべてを止めるのではなく、何を優先して止めるのか、という考え方が大事です。

いずれにせよ、ぎりぎりまで動かないことで、身体のバランスを保ち、こっちに跳ぶと決めた瞬間に、いちばん的確な状態で行けるように準備をしなければいけません。GKが先に動いてしまい、キッカーに簡単なコースを与えるのは、いちばんダメです。

相手がアプローチしたとき、もうここまで来たらキッカーがコースを変えられない、という瞬間に、観察した中での読みで動くのは一つの手段。あるいは蹴られた後にリアクションするのも一つの手段。微妙な違いですが、ＧＫの個性によって変わる部分だと思います。

第6章　GKメンタル・コーチング

GKメンタル・コーチング

メンタルとコミュニケーション

　GK指導者として、メンタルを向上させるのは、戦術や技術を向上させるよりも難しく、いちばん大切とも言われる分野です。バルセロナのアカデミーGKコーチから聞いた話ですが、選手のメンタルはいちばん変えづらい能力であり、しっかりと選手のメンタルの能力を見極めるのが大切だと。もちろん、テクニック、タクティック、フィジカルなども大事ですが、やはりメンタルは伸ばすのが一番難しく、持って生まれたものに左右される部分が大きいのです。

　ポジティブに狂っているということは、GKにとってはすごく大切だと思います。「絶対に止めるぞ!」という気持ちを小学生の頃から強く持っている選手はいます。私がドイツのアルミニア・ビーレフェルトで育成年代を指導している時も8歳や9歳でも、強いシュートを打たれてもビビらずに構えている。ボールが当たったとしても泣かない。それはメンタル、キャラクターの部分では一つの才能です。そういう選手は間違いなく伸びると思います。

全体としてGKに必要な要素は、メンタル、フィジカル、技術、戦術と分けることができます。昔は近距離、中距離から左右に放たれたシュートを止めるだけのGK練習でしたが、今は状況を作った中で的確な判断ができるGKが重要視されているので、すべてにバランス良くプレーできる選手でなければいけません。

それに加えてソーシャル（社会性）もとても大切ですね。他の選手とコミュニケーションを取れるかどうか。これは外向きのコミュニケーションとも言えるでしょう。そして、エモーショナル（熱）。これがメンタルにも通じるかもしれませんが、エモーショナルとは、自分とのコミュニケーションです。自分がどこまで出来たか、何をしたいのか、本当に止めたいのか。誰しも外向きと内向きのコミュニケーションがあると思います。それが両方できる選手がベストですが、特にGKは内向きのコミュニケーションでしっかりと熱があることが大事です。その内向きが強すぎて、「GKは変人」と言われる傾向はありますが、プロになるＧＫほど、内向きのコミュニケーションが得意な人が多いです。

そのプラスアルファとして、最近は頭が良くて、外向きのコミュニケーションもしっかりできる選手が求められています。チームメイトとはもちろん、ＧＫはゲーム中にコーチともコミュニケーションを取らなければいけません。あとは敵チームの選手、レフェリー、観客もそうですね。たくさんの人に囲まれてプレーしているので、コミュニケーションは大切になります。

トレーニング、ゲーム中に使用頻度が高いのは、やはりチームメイトへのコーチングです。ゲーム中ならアドバイスを行うことが一つ。あるいはチアアップと言って、味方を褒めたり、奮い立たせたりする。これもすごく大事ですね。

それからコミュニケーションは、圧倒的にボディーランゲージのほうが伝わります。言葉を使うことは大事ですが、試合中は短い言葉でなければ伝わりません。たとえば、「今のところもっと距離を詰めろ！」と小さい声で言うよりも、両手で押し出すジェスチャーをしながら大きな声で「ＨＥＹ！」と叫ぶ。それだけで伝わり方が違います。ＧＫがはっきりと大きな姿勢を取ることが、本当に相手に伝わるかどうかのポイントですね。

また、コミュニケーションを取るベースとして、チームやクラブが共通のゴールを持つていることも大切です。仕事でも同じだと思いますが、結果を出すためには大変なことが必ずあり、仲間に厳しいことを言わなければならないこともあります。仲間との衝突を回避して、楽にやりたいという自分との葛藤もあると思います。しかし、その先に共通のゴールがあるから、厳しい言葉でもコミュニケーションが成立する。そういう要素をチームやクラブは持たなければいけません。それがないと、GKが厳しい声でチームに叱咤激励したとき、「何を一人で舞い上がってるんだよ」と、チームメイトとのコミュニケーションがおかしくなってしまいます。共通のゴールは積極的なコミュニケーションをとる上でとても大事です。

コーチングは伝言ゲームをすべてつなげること

コーチングは、まずGKが何を思うのか。それがコミュニケーションの始まりです。その次に、GKが何を言うのか。そして、それを言われた選手が、何を理解するのか。最後に、その選手が何をするのか。伝言ゲームのような話です。その間にノイズが入ったり、時間がなかったり、相手のプレッシャーがあったりと、いろいろな邪魔が入ります。だからコーチングと言っても、まずはＧＫが思っていることを言えなければ、伝言ゲームの最初で失敗します。そして言ったとしても、相手が理解できなければダメです。たとえば、「中を切れ」と言ったとしても、相手が考える「中」が、どういう「中」なのか、わからないかもしれない。斜めに入れてくるクサビを切るのか、あるいは横パスを切るのか。「中を切れ」と言っても、中の全部を切るのは不可能ですから、その意図が合わなければ、相手は理解できません。あるいは「ボールに行け」と言ったとしても、ボールに行くアクションが、どういう行き方なのかわからないかもしれない。そうなると、コミュニケーション自体が成り立たなくなります。

コーチングとは、伝言ゲームをすべてつなげること。短い言葉が何を意味するのか。「トレーニングのときに言ったのは、こういうことなんだよ」とお互いに確認しなければいけません。「ボールに行け」というのも、相手選手にボールが入ったときに行ってほしいと確認をしたり、あるいは「ボールに行け」を、「もっと寄せろ」「足を出せ」と言ったり。「足を出せ」と言えば、ボールまで行って足を出さなければいけないですよね。より具体的なアクションになります。細かなところですが、コーチングにおいては重要ですね。

わかりやすい例として、パスをもらうときもあります。たとえば、パス＆サポートでＧ

Kが配給したパスを、すぐにDFから返してもらうとき、GKが「右、右」とコーチングをします。自分の右足にパスを返して欲しいんですよね。でも、DFからすると、「右」はGKの左足側です。そこでまず、食い違いが出てしまう。

もし、本当にパスが欲しいのなら、ここに返せと手を使って示す。ボディーランゲージですよね。左に欲しいのか、右に欲しいのか、足元に欲しいのか、スペースに欲しいのか。スペースに欲しいのだとすれば、少し走り込む。そうすると、スペースに出してくれますよね。それくらいしないと、味方DFもボールを失うと、GKが相手と1対1になってしまうという、プレッシャーを受けながらプレーをしているので、よりGKがコーチングをはっきりとさせる必要があります。

このようなコミュニケーションの練習を、普段から行うことができるか。GKコーチもそうですし、監督や他のコーチの役目でもあります。

バルセロナのジュニアのGKトレーニングでは、GKが目隠しをした選手を、スタート地点からゴール地点まで、声で誘導していくメニューがありました。ゴールまでの間に障害物がいくつかあって、その障害物をクリアできるように声で誘導する。ジュニアの段階から、「左に何メートル」など、ロジックで伝えることを学ぶわけです。あるいは、それを

2人同時にコーチングする。そうなると、名前を呼ばなければいけません。名前を呼びつつ、「右に4メートル」などと伝えるわけです。アイマスクをして行うブラインドサッカーでは、そういうコーチングが基盤になっていると聞きますが、まさに究極のコミュニケーションですね。

実際のサッカーの試合では、きれいなロジックで伝える時間はないかもしれませんが、練習中にそういう丁寧なコーチングをやっておくと、試合でも「こいつがよく言うこと」と、わかるようになりますよね。それがすごく大事だと思います。

ただ、練習中から試合と同じようにコーチング出来ているかと言うと、出来ていないところも正直あるのではないでしょうか。ゲームの時と同じような熱を持って練習出来ていない。ドイツのユースの練習は、ケンカしたり、怒り出したりするくらいの熱でやっています。そういう場面を何度も見てきましたし、ビブスが破れるのも何度も見ました。日本の場合は、そこまで練習でやってしまうと、「オイオイオイ」と冷めた雰囲気になってしまう。もちろん、汚いプレーでけがをさせるのは良くないですが、激しいプレーでけがをするのは仕方がないし、それくらいの強度でやらないと自分たちは上に行けない。そういうチームの目的、共通のゴールがあれば、プレーやコミュニケーションにもつながってきます。

熱が多少行き過ぎても、許容できるわけですね。コーチングも球際も、練習から試合と同じ感覚で取り組むことが大切です。

効果的ではないコーチングとは？

単純に味方をけなすような言葉、もしくは一言だけ「マーク！」といった曖昧なコミュニケーションは、あまり効果的ではないですね。「ゴーゴー！」「行け行け！」などは、アタッカーにコーチングするためには有りかもしれませんが、ＧＫは基本的に後ろのリスクマネージメントでコミュニケーションを取ることが大事です。ディフェンスの修正で、名前を呼んで「ちょっと寄れ！」とか、そういったことに気を配るほうが良いと思います。

曖昧なコーチングの他には、ずっとしゃべり続けているコーチングも効果的ではありません。聞いているほうは、何を言われているのかわからなくなり、「あいつうるせえな」となってしまいます。

あとはコーチングが単調で、声のトーンが変わらないのも効果的ではないですね。あえて強調するとか、抑揚をつける。それはプレゼンと一緒ですね。早くしゃべりすぎるなど、相手に伝わりづらいコーチングをしてしまうケースもあります。その他、あまりフェアではないコミュニケーションを取るのも避けたいところです。論理的に、その人のためになるようなコーチング、叱咤激励をするのは大事です。

効果的なコーチングを行うためには、名前を呼んで対象の選手をはっきりとさせ、相手をリスペクトして、トーンで抑揚をつけて、さらにポジティブな声をかける。たとえば、プレー中ではないときに、「今のパスすごく良かったよ」と、ちょっと伝えてみるとか。そういうポジティブな声かけも、すごく大事ですね。

特にアマチュアの世界では、そういうところで信頼を作っていくのが大事だと思いますが、仕事として行うプロの世界でも、やはりあるに越したことはありません。コミュニケーションやコーチングにこだわるのは、チームビルディングの話にもなりますが、そういった部分で信頼を築いたチームは強いです。ドイツ代表が２０１４年のブラジルワールドカップで優勝した理由の一つは、チームという一つの家族を、代表の中で作ったからだと言われています。だから、あれだけ強いパワーが出た。そういった雰囲気を出していくことは大切にしたいですね。

メンタルを立て直す方法とは?

ＧＫはゴールに対して大きな責任を負うため、ミスを犯したとき、そのショックは非常に大きなものになります。そんなとき、メンタルをどう立て直せばいいのか?

失点に直結するミスを犯したときは、なぜ失点したのかを考えることが、一つの方法です。ただし、それは試合中にはできません。試合中は絶対に考えないように、切り替える。難しいことですが、これも練習です。ＧＫのメンタリティーとして、失点したときは、頭の中にイメージが刷り込まれてしまうので、それを引きずらないようにする練習が必要です。

そのために、何をすればいいのか? 次のプレーをどんどん考えることです。今ここにボールがあるから、自分はポジションがここ。もしくは味方にコーチングをする。これらはミスをしたから、急に行うことではなく、いつもやらなければならないことですが、その基礎的なことを、もう一度きちんとやる。特にミスをしたときは、声が出なくなりがちですからね。そういうところから意識して、行動で切り替えるわけです。

そして90分の試合が終わった後、なぜミスをしたのかを考えればいいでしょう。試合中は、そのときやらなければいけないことに集中します。それは良いプレーをしたときも同じで、ネガティブなメンタルだけではなく、良いプレーをした後に失敗してしまうGKもいます。次に自分は何をしなければいけないのか。ボールがここにあるから、コーチングはこうする。ボールが移動したから、状況認知して、判断して、それをずっと続ける。

一定のレベルを保つこと。それが良いGKのメンタルの条件です。失敗でも成功でも、同じメンタリティーを維持すること。何でもそうかもしれませんが、それがいちばん良いのです。

あるいは周囲から、ミスをしたGKに対して「切り替えろ」と簡単に言ってしまうこともありますが、それも「次のプレーに集中しろ」という言い方のほうが良いかもしれませんね。もし、次のプレーでその選手がボーッとした様子があったら、具体的に「ポジショニングを右に2メートル修正しろ!」とか、そこでコーチが入って声をかけたりすると、ハッとしますよね。

またメンタルトレーニングやコミュニケーションも積極的にとっていったほうが良いと思います。欧州ではメンタルコーチを育成から付けていますから。GKだけではなく、監督など指導者にも必要ですね。

まだまだ日本には馴染みのない分野ですが、メンタルトレーニングとは、要は考え方の整理です。立ち返るところを作ったり、目標を明確にして道筋を作成する。自分の話を聞いてもらって、間違っていないという言葉をもらったり、それは違うんじゃないかとアドバイスをもらったり。そういうメンターのような存在がいるかどうか。

メンタルや集中力を、精神論で片付けるのではなく、方法論でコントロールすることを考えたほうが良いです。ＧＫコーチにも求められる役割だと思います。

あとがき

川原元樹

2018FIFAワールドカップロシア大会において、前回大会の王者ドイツが、予選敗退という結果に終わってしまいました。私がサッカーと本気で向き合い始めるきっかけを与えてくれた国であり、GKの奥深さ、面白さにも気づかせてくれた国でした。またサッカー以外の部分においても、人間としての懐の深さ、寛容さの重要性を体感させてくれた国がワールドカップから予選で去ることは素直に寂しい気持ちです。しかし、同時に今後が楽しみでもあります。彼らは決して失敗を恐れないし、何より失敗をしても、結果を受け入れて、その原因を徹底的に追求し、次への発展に活かすことができる「屈強な人種」だからです。

ドイツで働いていた時代に感じたことに、ドイツ人は一つのミッションに対して、個人をリスペクトしながら、組織で仕事をするのがとても上手だなと思う場面が多々ありました。欧州の国々と比べて、サッカー後進国の日本から来た私にも、ブンデスリーガの組織で指導者として働くチャンスをくれる。ドイツ人と比べると、私には至らない部分もたくさんあったと思うのですが、その一面だけを見るのではなく、相手の良いところもしっかりと評価し、プラスとマイナスを含め、その人間を受け入れるという寛大な人としての「強さ」がドイツという国にはあると思います。この人間としての「寛容さ」、「強さ」というメンタリティがドイツという国が偉大なGKを多く排出できている大きな要因の一つだと、私は思っています。

「なぜ、ドイツには素晴らしいGKがたくさん育つのか?」

この問いは、ドイツにいる間から考え続けていましたし、日本に帰国してからも、色々な方たちとお話をさせていただきました。まず一つ目の理由として考えたのは「指導法、指導者の質」です。私がケルンスポーツ大学の学生であった2007年、ブンデスリーガ1部に所属していたアルミニア・ビーレフェルトで半年間のインターンシップをさせてもらえることになりました。当時のトップチームのGKコーチはトーマス・シュリーク（現在はボルシア・ドルトムントのGK部門統括責任者）で、彼はドイツの中では、いち早くオランダで先進的なGKトレーニングを学び、独自のGK練習に反映させていました。私はそのトレーニングの組み立てや、原理原則を目の当たりにして、GKというポジションの奥深さに魅了されていきました。半年のインターンシップを経て、正式にアカデミーGKコーチとして契約してもらってからは、彼と共に働いた3年間、毎日トップのGK練習に参加し、トーマスと多くのディスカッションをして、さらに彼のトレーニングの質の高さに気付かされました。トレーニングの一つひとつに試合中のプレーに必要な要素が組み込まれ、W-UPから最後のトレーニングまで、しっかりと筋の通った「意味」のあるトレーニングでした。また、VfBシュトゥットガルトでGKコーチ研修をした際にお世話になったエヴォ・トラウトナー（現在はRBライプツィヒのGK統括部門責任者）も独自のトレーニング方法、強烈なキャラクターを持っていましたし、TSGホッフェンハイムでミヒャエル・レビナー（現トップチームＧＫコーチ兼ＧＫ部門統括責任者）の下で研修させてもらった時には、テクノロジーやデータの活用にも驚かされました。このように各地に有能な指導者が存在しており、彼らとＧＫ論の話をすればするほど、独自の視点でＧＫを見ており、ＧＫというポジションに対して情熱的なことに感銘を受けました。現在では、彼らもドイツサッカー協会のＧＫコーチ育成にも携わっており、後進の育成にも力を入れています。そんな彼らにも、前出の問いを投げかけてみると「指導者の質」という答えは全員から返ってきました。

しかしトーマスに、「以前からドイツは『指導者の質』が高かったか」と問うと、「Ｎｅｉｎ（ノー）」という答えが返って来ました。彼の現役時代（１９９０年代）には、ＧＫコーチはボールを蹴るだけの「キックマシーン」のような役目だったと言っています。では、なぜそれでも有能なＧＫが存在していたのかというと、「ドイツ国内ではＧＫの存在価値が高い」という理由が挙げられると思います。これが二つ目の理由だと考えています。

「サッカーとは、どういうスポーツなのか?」という問いをドイツサッカー協会の指導者ライセンス講習会の最初のところで与えられました。その問いに対する協会からの一つの答えとして、「サッカーとは点を奪い、点を取らせないスポーツ」というものが提示されます。極端な考えをすると、ゴールに近いプレーヤー、つまり、点を奪えるストライカーと、点を取らせないGKがいれば試合に勝つ確率が大きく上がるということです。この考えが、ドイツには昔から根付いているように感じました。ジュニア年代の指導者も能力がある選手たちにはストライカーとGKのポジションの大切さを説き、勧めてやらせる傾向があります。各年代のサッカー大会でも、得点王、MVPの他にベストゴールキーパー賞という賞が必ずあり、その大会で活躍したGKは皆の前で表彰されています。毎週のブンデスリーガの試合のハイライトをテレビで放映するときは、得点シーンだけでなく、GKが活躍しているシーンも含めて紹介されています。このように小さい年代の子どもたちが「GKって重要なポジションなんだ」、「GKってカッコいいんだ」

と感じる場面が、明らかに日本よりも多いと思います。

三つ目の理由としては、最初に書かせていただいたように、ドイツ人の屈強なメンタリティがGKという特殊なポジションに向いているということが挙げられると思います。先ほど、「ストライカーとGKがゴールに一番近いポジションにいる」と挙げましたが、同じ「ゴール」でも、この二つのポジションの決定的な違いは「得点」と「失点」に近いということです。常に「失点」に近いポジションでプレーするということは、何よりも忍耐強くなければいけませんし、また失点をした後のリバウンドメンタリティも持ち合わせていなければいけません。この「リバウンドメンタリティ」には、冷静に事象を分析する能力、自己との対話が必要不可欠になって来ます。他の欧州の人たちと比べても、ドイツ人は楽天的なポジティブ思考というよりは、現実的なリアリストで冷静というキャラクターを持っている人たちが多い印象です。多くの偉大な哲学者がドイツから生まれているのも納得できる気がしました。それに付け加えて、「ゲルマン魂」に代表される、不屈の闘争心を持っている。こういった性格は、間違いなくGKというポジションにとって有利に働きます。では、このような魂を日本人は持っていないのか？　私はそうは思いません。今回のワールドカップで川島選手が、予選リーグのポーランド戦で見せたパフォーマンスはまさに屈強な精神の表れだと思います。川島選手が証明してくれているように、日本人GKも間違いなく持っている性質なのです。そういった人材を発掘し、GKの面白み、楽しみを伝える。こういった取り組みを日本全体で行っていければ、必ず日本からも、欧州で活躍する世界基準のGKがさらに出てくると信じています。

GKはとても孤独なポジションですが、試合中に仲間の協力なくして活躍はできません。私はGKを育てることも同じだと思っています。現在も日本各地でGKを熱く指導されているGKコーチの方たちがいらっしゃると思います。私一人の力は小さいかもしれませんが、皆様と協力して、大きな力で日本における「GKの存在価値」を高めていけることを真に願っています。

最後になりましたが、この本を出版するにあたって、岐阜に何度も足を運んで取材をしていただいた清水英斗さん、カンゼンの村山伸さん、「フットボールネーション」に続いて素敵なイラストを描いていただいた大武ユキさん、いつも刺激を与えてくれるドイツ、日本のサッカー仲間、GK仲間、いつも陰ながら支えてくれている家族、そして何よりも、この書籍を手に取ってくださった皆様に感謝を述べたいです。「ありがとうございます。これからも共に頑張っていきましょう！ Immer weiter!!」

2018年7月吉日

プロフィール

川原元樹 かわはら・もとき

大学卒業後ドイツに渡り、ケルン体育大学に通いながらGKとして6部リーグでプレー。指導者転向後は、GKコーチとして名高いトーマス・シュリーク氏のもと、アルミニア・ビーレフェルトで育成からトップまで指導を行う。ハノーファー96ではU-17のGKコーチ、酒井宏樹の通訳としてトップチームに帯同。VfBシュトゥットガルト、バイヤー・レバークーゼン、TSGホッフェンハイム、シャルケ04などの育成チームで研修を積んだ後、2013年より松本山雅FCアカデミーのGKコーチを3年間務めた。2017年からFC岐阜トップチームGKコーチに就任。

清水英斗 しみず・ひでと

1979年12月1日生まれ、岐阜県下呂市出身。プレーヤー目線で試合の深みを切り取るサッカーライター。著書は「サッカー観戦力 プロでも見落とすワンランク上の視点」(東邦出版)、「サッカーは監督で決まる リーダーたちの統率術」(中央公論新社)、「池上正の子どもが伸びるサッカーの練習」(池田書店/編著)、「アホが勝ち組、利口は負け組~サッカー日本代表進化論~」(秋田書店)など。

ブックデザイン	山内宏一郎（SAIWAI DESIGN）
写真	Getty Images
イラスト提供	『フットボールネーション』©大武ユキ／小学館
イラスト協力	大武ユキ
図版	小林哲也
DTPオペレーション	松浦竜矢
編集協力	一木大治朗
編集	村山 伸（カンゼン）
協力	株式会社岐阜フットボールクラブ
	株式会社小学館（ビッグコミックスペリオール編集部）

ドイツ式GK《ゴールキーパー》技術革新
GK大国に学ぶ「技術」と「戦術」

発行日	2018年7月30日　初版

著者	川原元樹／清水英斗
発行人	坪井義哉
発行所	株式会社カンゼン
	〒101-0021
	東京都千代田区外神田2-7-1 開花ビル
	TEL 03（5295）7723
	FAX 03（5295）7725
	http://www.kanzen.jp/
	郵便為替 00150-7-130339
印刷・製本	株式会社シナノ

ISBN 978-4-86255-478-9

Printed in Japan
定価はカバーに表示してあります。

ご意見、ご感想に関しましては、kanso@kanzen.jpまでEメールにてお寄せ下さい。
お待ちしております。